9to6
혁 명

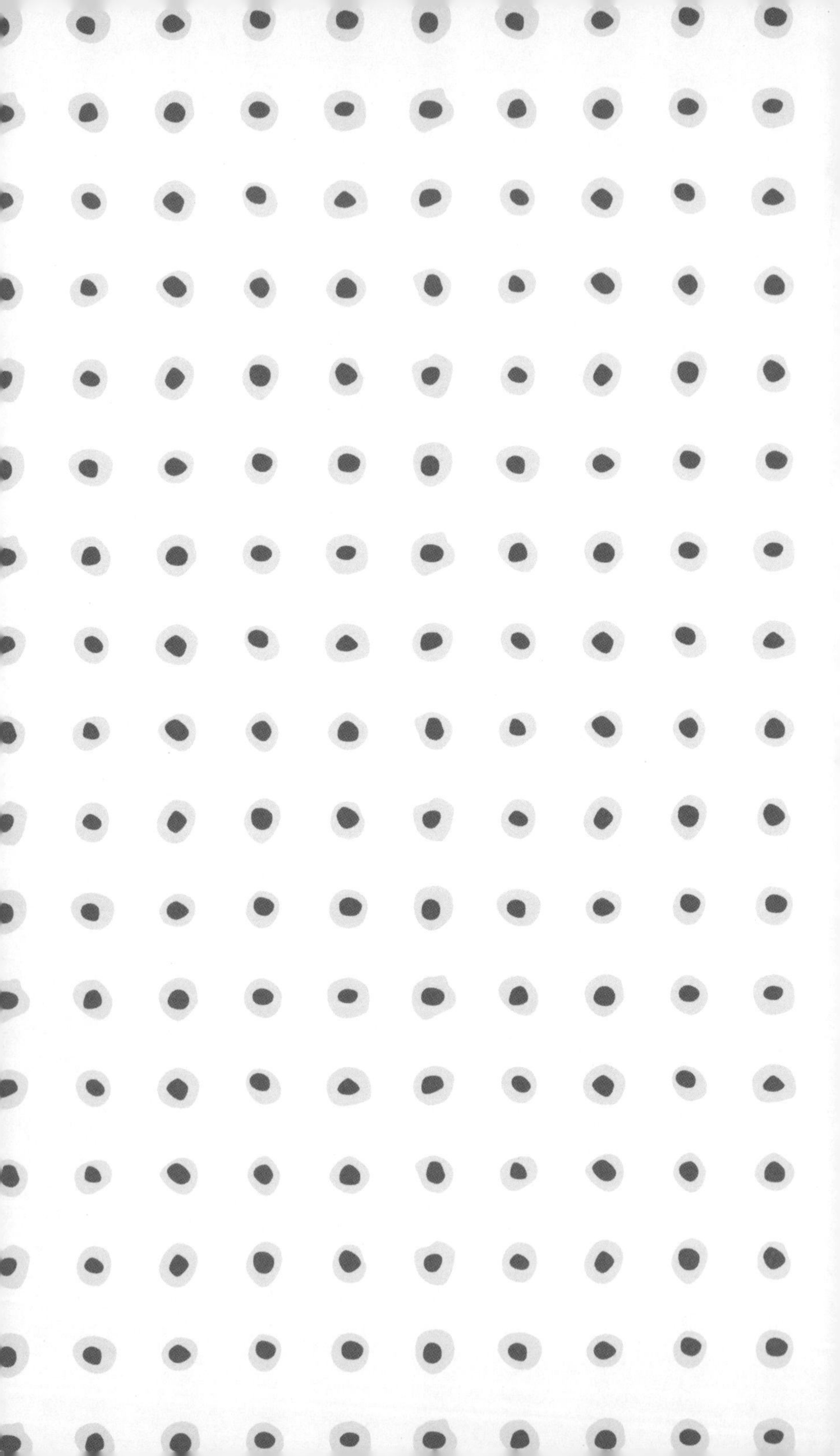

9 to 6 혁명

양정훈 지음

　지금까지 내가 상담이나 글, 강의로 만난 사람은 약 10,000여 명 정도 된다. 이들의 직업과 나이는 모두 달랐지만, 고민은 입이라도 맞춘 것처럼 '시간 관리'로 귀결된다. 통계 작성을 위해 적용하는 플러스·마이너스 오차 범위까지 운운하면 아마도 대한민국 모든 직장인들의 고민이 하나뿐이라고 해도 과언이 아닐 것이다.

　그래서 나는 특수한 한국지형에 맞는 시간 관리법을 소개하고 싶었다. 시간 관리의 선구자들이 많은 이론을 남겼지만, 한국의 독특한 문화적 배경에선 이론도 수정이 불가피하기 때문이다.

　제일 먼저 선정한 목표가 이 책의 타이틀인 '9to6'다. 자기계발을 위해, 여유로운 삶을 위해, 그리고 내 가족을 위해 선행되어야 할 최우선 과제라는 데 딴죽 걸 사람은 없을 것이다. 산적한 일 더미, 꽉 막힌 조직 문화 등 지금 사정에선 꿈같은 이야기일지도 모르겠다. 그러나 희망은 있다. 탁상

공론에서 나오는 대안이 아니라, 현실을 대면하고 나오는 문제 해결 방식이라서다.

여러분과 나는 '9to6'를 방해하는 문제가 구체적으로 어디 있는지 안다. 창의력 도구인 트리즈^{TRIZ}에서는 창의적인 해법은 문제의 정의부터 시작된다고 했다. 문제가 파악되면 우리는 이제껏 소개된 과학적인 방법으로 문제를 풀면 되는 것이다.

그럼 1만여 명의 사람들을 만나면서 알게 된 문제의 본질은 무엇이었을까? 답은 '오후'의 간과였다. 내가 이 책에서 목소리 높여 외치는 핵심이 그래서 '오후 시간 관리'다. 사회 트렌드가 너무 아침에 집중되다 보니 자기에게 맞지도 않는 종달새가 되어 하루를 망치는 경우들을 많이 보았다. 시간 관리의 관심을 신체가 최고조로 활성화되는 오후 시간으로 확대해야 한다.

이제부터 점심시간을 포함해 오후 6시간을 능률적으

로 또 폭 넓게 활용할 수 있는 방법을 알려주려고 한다. 그리고 그 6시간의 노하우를 진화시킬 수 있는 퇴근 후 오후, 토·일 오후 시간 관리법도 이야기할 것이다.

다양한 시간 관리 이론과 성공한 사람들의 시간 관리 법칙을 대한민국 현실에 접목하는 방식으로 논리가 전개된다. 특히 추리고 추려서 만든 자료를 많은 사람들과 공유해 본 후, 이 중에 실제 실험해 보고 효과가 있었던 것들을 재차 확인해서 정리했으니 논리와 근거는 탄탄하다고 자부한다.

남의 책을 읽으면서 서문에 왜 저자들이 누구누구 고맙고, 누구누구 감사하다고 쓰는지 이해를 못했다. 그런데 써 보니까 알겠다. 역시 사람은 혼자서 할 줄 아는 게 거의 없다. 한국리더십센터의 회장인 김경섭 박사님의 관심이 없었다면 아마 이렇게 많은 깨달음과 성장을 얻지 못했을 것

이다. 그리고 그동안 그곳에서 내가 만났던 모든 인맥은 나에게 큰 배움과 도전을 주었다. 모두에게 감사드린다.(여러분을 만난 건 나에게 큰 행운이다.) 그리고 이 책이 나오기 위해서 같이 치고받고 한 [왕의 서재] 변선욱, 임채성 대표에게도 진심으로 감사한다. 좋은 책을 내겠다는 열의 하나만으로 간신히 묶어서 보낸 글. 다시 여기 저기 붉은색으로 칠해 돌려주고, 짧은 시간 내 재요청해주었을 때의 고마움은 잊을 수가 없다.

또 글을 쓰는 사람에게 아내가 어떤 역할을 해주는지 알았다. 한마디로 아내는 작가가 글을 쓸 때 '글을 쓰는 것 이외의 다른 모든 것'을 전담한다. 남편이 '나는 펜이요' 할 때 아내는 종합문구점이다. 아내가 없었으면 일정한 생각으로 글을 쓴다는 것이 내겐 애당초 불가능했다. 작가들이 아내에게 자기 첫 작품을 바친다는 게 점수 따는 미사여구가 아니고, 사람 된 도리로서 당연한 것이었다.

지난겨울 폐렴으로 병원에 입원한 법정스님을 제자들이 문병했을 때 스님께선 이렇게 말했다고 한다.

내게 주어진 시간이 그리 많지 않다. 그런데 그 시간을 무가치한 것, 헛된 것, 무의미한 것에 쓰는 것은 남아 있는 시간들에 대한 모독이다. 또 얼마 남지 않은 시간을 긍정적이고 아름다운 것을 위해 써야겠다고 순간순간 마음먹게 된다. 이것은 나뿐 아니라 모두에게 해당되는 일이다. 우리 모두는 언젠가 이 세상에 없을 것이기 때문이다.

나 역시도 지금 이 순간, 이 세상 어딘가에 있는 사람들의 시간이 각자 긍정적이고 가치 있게 쓰이기를 바란다. 지금 이 순간은 유일하기 때문이다. 우리 역시 이 세상에 남아 있는 동안 자신이 할 수 있는 가치를 찾아야 한다. 이 책

을 통해서 많은 사람들이 세상에 숨겨져 있는 시간 관리에
대한 노하우를 얻고, 자신의 여건에 맞게 인생을 만들어 나
가길 진심으로 바란다.

양 정 훈

Contents *

Part 2
내일 일과에 가속도를 붙이는 퇴근 후 오후 관리

CONTENTS

Part 3
9to6를 앞당기는 토요일 오후 관리

Part 4
신나는 월요 페스티벌을 위한 일요일 오후 관리

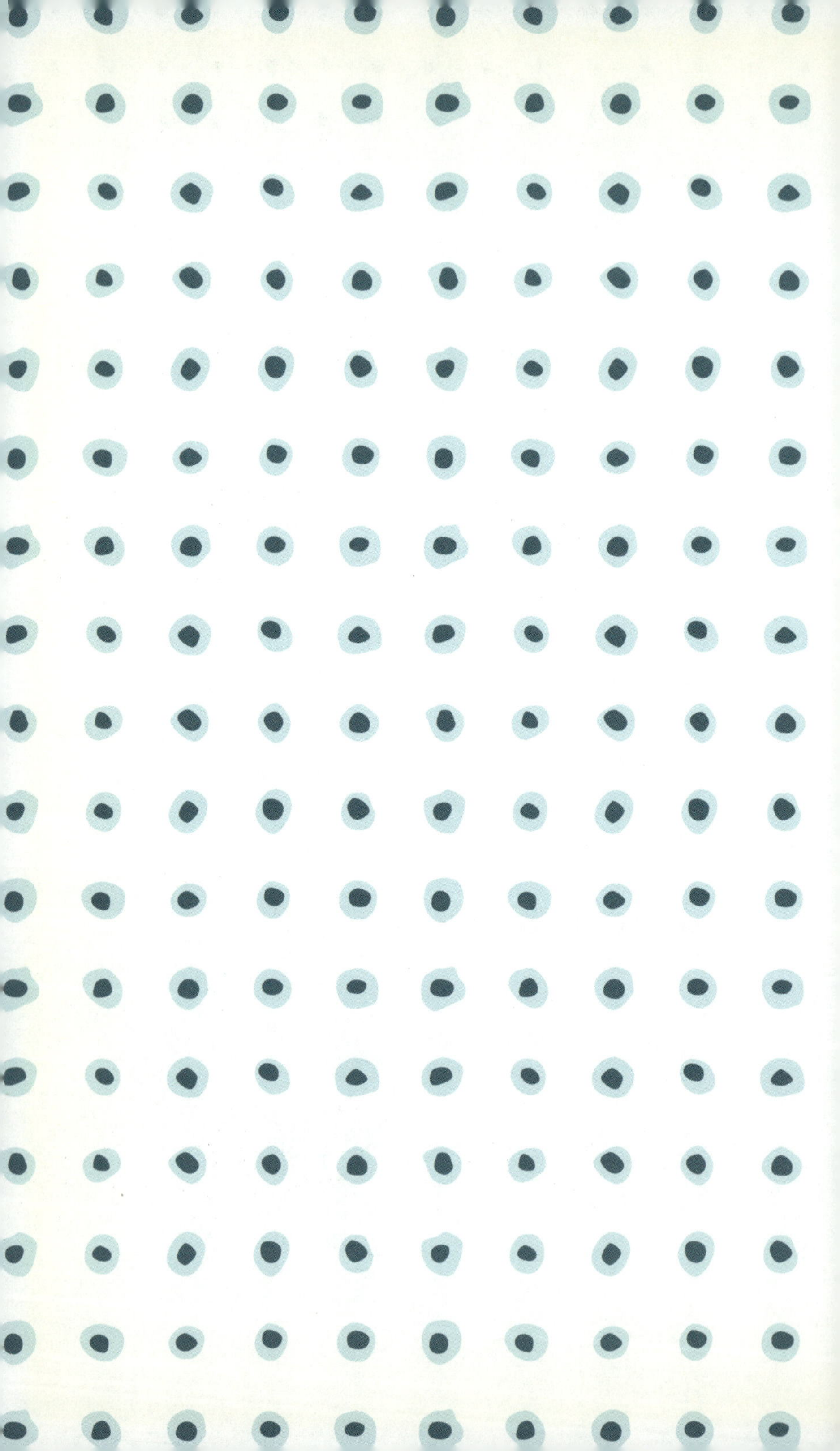

Part 1

능률이 딱 2배 오르는
회사에서의 오후 관리

나른한 오후 시간이 되었다.

몸이 무기력하고 정신도 몽롱해지기 쉽다. 분위기 전환을 해보자. 다큐멘터리를 즐겨 보는가? 그렇지 않더라도 누구나 한 번쯤은 야생의 세계와 관련된 영상물을 본 적이 있을 것이다.

몇 번을 보아도 숨을 죽이게 만드는 장면은 사자 떼가 물소를 사냥하는 순간이다. 떼를 지어 공격하지만, 결국 마무리를 짓는 사자는 어디를 노릴까? 그렇다. 사자가 노리는 곳은 어김없이 목덜미나 코 등의 호흡을 차단할 수 있는 곳이다. 왜 그럴까? 똑 같은 노력을 기울여도 머리 쪽은 뿔에 받히거나, 다리 쪽은 채일 수 있기 때문이다. 똑같이 고생과 시간을 들였는데, 어떤 사자는 갈비뼈가 부러지기도 하고, 어떤 사자는 물소의 숨통을 끊는다. 이것이 정글의 법칙이자, 정글 같은 현대 사회의 법칙이기도 하다.

목덜미를 무는 것이 오후 시간 관리의 핵심이다. 가장 중요한 곳을 공략한다. '큰 돌을 넣는다.', '중요한 일을 먼저 하라', '소중한 것을 먼저 하라.' 결국 다 같은 이야기다. 여러분이 노려야 할 물소는 어디에 있는가? 지금 혹시 뒷다리를 열심히 쫓아가고 있다면 채여서 나뒹굴기 전에 "워~워~"라고 이야기 하고 싶다.

세계 최초로 연봉 1백만 달러 이상을 받은 사람을 알고 있는가?

그 사람의 이름은 찰스 슈와브^{Charles M. Schwab}이다. 그는 1921년 38세 때 앤드류 카네기에 이해 채용되어 전문경영인이 되었고 후에 '베들레헴 강철 회사'를 인수하여 미국에서 가장 수익이 높은 회사 중 하나로 만들었다.

그런 그의 일화다. 베들레헴 강철회사 사장이 된 찰스 슈와브는 늘 정신없이 바빴다. 그래서 아이비 리^{Ivy Lee}라는 경영컨설턴트에게 의뢰를 하게 된다.

"내가 시간을 더 잘 이용하는 방법을 가르쳐 주시오. 정말 좋은 방법을 가르쳐 주신다면, 가능한 범위 내에서 내가 얼마든지 사례를 하겠소" (나 알지? 나 찰스야~)

그러자 리는 종이 한 장만을 건네주며 이렇게 말했다.

"내일 꼭 해야 하는 일 중에서 가장 중요한 것들을 적고, 중요도에 따라서 순서대로 번호를 매기십시오. 내일 아침부터 시작해서 1번 과제를 처리하기 시작해서 그 일을 다 마무리할 때까지 그 일만 전념하십시오. 1번 과제가 마무리되면 다시 한 번 우선순위를 검토하고 2번 과제를 마무리 하십시오. 역시 그 일을 마무리 할 때까지 다른 일을 진행하지 마십시오. 2번 과제가 다 마무리되면 3번 과제로 넘어가십시오. 다 못하더라도 낙담하지 마십시오. 중요한 것은 매일 이렇게 해야 한다는 것입니다.

꼭 해야 하는 일들의 상대적 중요도를 검토하여 우선순위를 정하고 일일계획표에 그 목록을 체크하면서 지켜나가십시오. 이 방법이 가치가 있으면 그 가치를 판단해서서 그만큼의 대가를 지급해 주십시오."

몇 주 후 슈와브는 리에게 2만5천 달러를 보냈다.

훗날 슈와브는 이 조언이 자신이 경영자로서 그동안 경험한 그 어떤 교훈보다 가장 가치 있는 것이라고 말했다.

오후가 시작되면서 해 줄 이야기는 역시 졸기 전에 중요한 일을 먼저 하라는 것이다. 업무 시간을 획기적으로 관리할 수 있는 가장 중요한 팁을 이야기했다. 물가상승률을 제외하더라도 2만5천 달러라고 하면 지금 돈으로 단순 환산

해도 2천5백만 원의 가치를 인정했다는 이야기다. 단순 수치 5%의 물가상승률을 고려하면, 현재 약 20억 원의 가치가 있는 발언이다.

중요한 일을 먼저 해라. 만약에 훌륭한 화가가 되기로 작정을 했다면 그림을 그리는 것이 우선이고, 작가가 되기로 했다면 글을 쓰는 것이 우선이고 직장인으로 성공하기로 했다면 조직이 중요하다고 생각하는 일을 하는 것이 우선이다. 개를 산책시키는 화가, 전화하며 수다 떠는 작가, 웹 서핑을 하는 회사원, 뒷담화하기 바쁜 팀원과 팀장, 물론 나름대로 투자한 만큼의 노하우가 생길 것이다. 하지만 전문인으로 성장하기에는 엄청난 무리가 있다.

시간 관리에 관심이 많은 사람들은 다들 한 번쯤 '중요한 일을 먼저 하라'는 이야기를 들어봤을 것이다. 안 들어본 사람 반, 들어본 사람 반, 그런데 들어본 사람 중 해본 분 1/10, 안 해본 분 9/10이다. 무슨 이야기냐? 아는 게 중요한 게 아니라는 것. 콱! 밑줄 치며 이야기하고 싶은 거다.

내 생각에 젊은 시기는 별도로 쳐도, 인생에는 아무래도 우선순위가 필요하다. 시간과 에너지를 어떻게 배분해가야 할 것인가 하는 순번을 매기는 것이다.

어느 나이까지 그와 같은 시스템을 자기 안에 확실히 확립해 놓지 않으면 인생은 초점을 잃고 뒤죽박죽이 되어버린다.

주위 사람들과의 친밀한 교류보다는 소설 집필에 전념할 수 있는 안정된 확립을 앞세우고 싶었다.

내 인생에서 가장 중요한 인간관계는 특정한 누군가와의 사이라기보다 불특정다수인 독자와의 사이에 구축되어야 할 것이다.

무라카미 하루키 『달리기를 말할 때 내가 하고 싶은 이야기』 중

우선 자신에게 매일 중요한 일이 무엇인지를 스스로 알아야 한다. 인생을 계획 없이 살았던 사람에게 자기 주변에 일어나는 일 중 우선적으로 중요한 일이 무엇인지 아는 것은 쉽지 않다. 특히 조직에서 성공하려는 사람이라면 회사가 중요시하는 일이 무엇인지를 알아야 한다. 의사소통이 막혀 있는 사람이라면 자기 스스로만 중요하다고 생각하는 일을 먼저 함으로써, 조직의 감원대상에 우선하여 속하는 현실에 직면하게 된다.

::: 우선순위의 법칙

"어? 팀장님! 저 지금 열심히 수제비 만들었는데요?"
"야! 만두피 찢은 놈이 너야?"

먼저 자신에게 중요한 일이 무엇인지를 파악해 보자. 요

즘에는 기업들이 MBO Management By Objective의 약자로 '목표설정
에 의한 관리'라는 의미 등을 통해서 개인이 해야 할 일들을 팀원
까지 명확하게 파악해서 수치화하는데 많은 자원을 투자한
다. 개인이 찾지 못했다면 일단 조직의 목표라도 분명하게
알고 있어라. 내 조직이나 팀장조차도 무엇이 중요한지 잘
모르겠다고 응답하면 오래 있을 조직은 아니다. 절이 싫으
면 스님이 떠난다고 하는데 가능한 한 빨리 떠나는 게 신상
에 이롭다. 이 경우 구체적으로 표현하자면, 보통 절이 싫
어 떠나는 것이 아니고 주지 스님 때문에 떠나는 것이며 교
회보고 들어왔다가 목사님 보고 나가는 사례인데도 본인들
은 잘 모른다. 그리고 꼭 이렇게 나갈 때면 그 당사자가 떠
나는 사람 앉혀놓고 묻는다. "왜 나가느냐?"라고.

　필자는 인생계획과 5년 장기계획, 연간계획을 개인별,
업무별로 짠다. 원래부터 계획이 철저한 사람이냐 하면 그
렇지도 않다. 그리고 지금도 철저한 수준은 아니라고 본다.
다만 몇 년 전에 이렇게 살면 죽도 밥도 안 되겠단 생각이
들어 우선순위를 짜고 시도해 보았다. 이렇게 해보니 내가
하고 싶은 일을 더 구체적으로 즐겁게 할 수 있게 되었다.
　이번 연도에 중요한 일, 이번 달에 중요한 일, 그래서 이
번 주에 중요한 일, 그 주에 중요한 일이 순서가 생기고 그 일
을 하기 위해 오늘의 중요한 일들이 체계적으로 정해졌다.

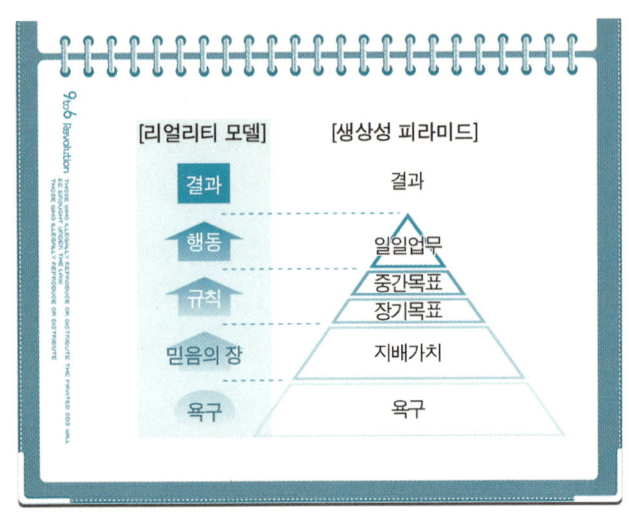

〈하이럼 스미스의 성공하는 시간 관리와 인생 관리를 위한 10가지 자연법칙의 모델 중〉

그리고 그 일대로 '하면' 된다. 필자에게 제일 중요한 일은 책을 읽고 글을 쓰며 코칭과 강의를 하는 것이다. 그렇기 때문에 다른 어떤 일보다 나에게 중요한 일을 먼저 했다. 중요하다고 생각했기 때문에 평일에 어김없이 읽고 쓰고 나누는 일들을 지켰다.

덕분에 3년 만에 사회, 시사, 경제 분야의 파워 블로거로도 선정되고 고객에게 인정받는 강의와 코치, 인터넷 웹진 발행자로서 신뢰를 얻을 수 있었다.

만약 '오늘은 몸이 아파서, 내일은 회식이라서, 모레는 남이 하지 말라고 했기 때문에, 글피는 주변 사람이 열 받게 해서…'라는 이유를 스스로 달았더라면, 하지 못할 이유는 우리 집 베게 털 숫자보다 많았을 것이다.

톨스토이는 '행복한 가정은 모두가 비슷비슷하지만, 불행한 가정은 다 제각각으로 불행하다.'라는 유명한 말을 했다. 이 말은 시간 관리 측면에서도 전적으로 같다. 성공한 사람은 모두가 비슷하다. 중요한 일을 했기 때문이다. 하지만 실패한 사람은 수만 가지의 다양한 이유가 꼬리표처럼 붙는다.

자기 인생에 중요한 일을 미루고 성공하는 사람을 보지 못했다. 성공의 정의가 '내가 되고 싶은 사람이 되어 내가 하고 싶은 일을 하는 것'이 될 수 있다면 꼭 기억해 놓자. 시간 관리의 첫 번째 키워드는 바로 중요한 일을 먼저 하는 것이다.

시간 부족이라고 핑계를 대는 건 실제로 우선순위가 없기 때문이다. 우선순위 부족이 무엇이냐? 바로 무엇이 중요한 일인지 모르고, 그냥 눈앞에 닥친 일부터 허둥지둥 처리하는 것이다. 그런데 실상 자기 인생이나 조직 생활에서 무엇이 중요한지 바로 안다는 것은 어렵다. 심사숙고하며 인생을 바라보거나, 조직에 통찰력을 갖고 있지 않다면 허송세월을 보내게 마련이다.

조직생활에서 중요한 일이 무엇인지 잘 모르겠다면 필자는 '용기'라고 당당히 외치고 싶다. 술자리에서 만취된 상태로 야자타임을 외치며 가장 먼저 사고를 치거나, 여자 친구가 떨어뜨린 스카프를 주워주겠다며 곰 우리로 뛰어드는 것이 용기가 아니다.

조직에서 가장 성공했다고 인정받은 사람에게 용기를 내 물어보기만 하면 된다. (말은 거창하게 하지만, 종이 커피 한 잔의 로비 정도면 된다.)

"지금 제 위치에서 가장 먼저 무엇을 하면 될까요?"

그 일을 먼저 한 후에 다시 물어봐라.

"지금 제가 하는 일이 잘 된 것인가요? 더 잘 되려면 무엇을 하면 될까요?"

우선순위를 파악하려는 여러분의 노력이 조직의 핵심 이해당사자에게 어떻게 비칠지 생각해 봐라. 그리고 신뢰가 쌓였다면 장기 플랜으로 물어봐라.

"이번 주에 해야 할 가장 중요한 것 3가지가 있다면 무엇일까요?"

"이번 달에 해야 할 가장 중요한 것 3가지가 있다면 무엇일까요?"

"이번 연도에 해야 할 가장 중요한 것 3가지가 있다면 무엇일까요?"

단 주의할 점. 이런 일을 할 때는 그 분야에서 '성공'하지 못한 사람에게 물어보지 마라. 그 사람이 찬 바람을 맞을 때 곁에서 칼 바람을 맞게 된다.(보통 자신이 아는 가장 높은 사람에게 물어보는 것이 대체로 맞다. 지속 성장하는 조직은 '대체적으로' 바보가 아니다. 팀장보다 본부장이 본부장보다 이사, 이사보다는 대표가 무엇인가가 더 탁월하기 때문에 그 자리에 앉아 있는 것이다.)

만약 우선선위를 실천하는 것에 지속적인 어려움을 느낀다면 '환경' 및 '도구'에 대한 도움을 받을 수 있는데, 뒤에서 다시 다루도록 하겠다.

김 대리가 부장에게 하루 쉬겠다는 휴가원을 냈다.
부장이 말한다.

"김 대리. 1년은 365일이지? 하루는 24시간이고. 그 중 자네 근무시간은 8시간이지?

하루의 3분의 1을 근무하니까, 결국 1년에 자네가 일하는 날은 122일밖에 안 된다는 얘기야.

그중에서 52일의 일요일이 있고, 반만 일하는 토요일을 26일로 치면 겨우 44일 남아.

그걸 자네가 다 일하나?

밥 먹는 시간에 화장실 출입하는 시간에 담배 피우는 시간까지 합치면 하루에 최소한 3시간은 빠진다구.

그걸 다 빼면 자네가 일하는 시간은 27일이라는 소리지.

게다가 자네 여름 휴가는 열흘이지?

그럼 17일이 남는군. 그중에서 신정, 구정, 식목일, 근로자의 날, 어린이날, 석가탄신일, 현충일, 제헌절, 광복절, 추석, 크리스마스, 그리고 회사 창립기념일까지 휴일이 총 16일이야.

결국, 자네가 제대로 일하는 날은 1년에 딱 하루라 이거야.

그런데 그 하루마저 휴가원을 내면, 아예 놀고먹겠다는 건가? 자네도 입이 있으면 대답 좀 해보게."

그러자 김 대리가 억울한 표정으로 말한다.

"부장님, 전 너무 피곤해요. 왜 그런지 이유를 말씀 드리죠.

우리나라의 4천5백만 인구 중에 2천5백만은 노인이나 실업자 아니면 퇴직자들이죠.

그럼 남은 인원은 2천만 명 입니다. 그중에서 1천6백만은 학생이거나 어린이들이죠.

그럼 4백만이 남습니다.

현재 백만 명이 국방을 위해 군대에 있거나 방위근무 중이고, 백만 명은 국가공무원입니다, 그럼 2백만이 남는 거죠?

또 180만 명이 정치를 하거나 지자체 공무원들이니 남는 건 20만 명, 그중에 188,000명이 병원에 누워 있으니 겨우 12,000명이 남죠.

그리고 11,998명이 감옥에 가 있으니 결국 두 명이 남아서 일을 하고 있다는 얘깁니다.

바로 부장님과 저!

그런데 부장님은 매일 제가 올린 보고서에 결재만 하고 있으니 실제로 일하는 사람은 대한민국에서 오직 저 하나뿐이라고요.

제가 얼마나 피곤한지 아시겠죠?"

웃자고 인터넷에 떠도는 유머지만, 나름 생산성과 조직의 효율성 측면에서 그냥 웃기만 할 수는 없는 이야기다. 한국인의 노동시간은 OECD 국가 중 최고 수준인 연간 2,628시간에 달한다고 한다. 30년 동안 일을 한다고 치면 무려 8만 시간 정도 일을 하는 셈이다.(벨기에, 덴마크, 프랑스, 독일 등이 1,600시간에 비하면 40%나 높은 수치다.) 그러나 국제노동기구(ILO)가 배포한 노동시장핵심지표에 따르면 한국 노동자들의 1인당 생산성은 가장 높은 미국을 기준으로 했을 때 겨우 68%의 수준이다. 68%라니! 세계 최고의 노동 강도를 자랑하는 우리나라가……

무슨 이야기냐면 자동차로 예를 들어, 참 오래도 운전하며 달리는데 결국 시간대비 달린 거리로 보면 다른 차가 100km 갈 동안 68km 달렸다는 이야기다. 연상이 되는가?

한쪽은 연비 좋은 인체공학적 차로 초저녁 즈음 목적지에 도착해서 쉬는데, 다른 한쪽은 기름을 많이도 잡숫는 차로 간신히 한밤중에 도착해서 눈 좀 붙였다가 쉬고 다시 차를 모는 꼴이다. 그래 놓고 커브길 드리프트는 자기가 다했다고, 피곤해 죽겠다고 떠든다. 그랑프리의 우승자는 미하엘 슈마허였지 트랙터 농부가 아니란 말이다.

이 노동생산성의 수치는 어떻게 나오느냐? 국내총생산 GDP을 취업자 수로 나누어 산출하는 것이다. 결국, 이 두 개를 조절하면 생산성을 제어할 수 있다. 개인의 생산성도 마찬가지다. 정답이 나왔다. 첫째, 같은 시간 내에 많이 생산하기. 둘째, 투입 줄이기다.

여기서 개인의 생산성에 투입이라는 것이 시간 단위로 단순 계산이 된다면, 답은 간단하다.

같은 시간투자로 어떻게 생산성이 높아지느냐? 바로 '몰입'이다. 서울대 재료공학부 부교수인 황농문 씨가 쓴 책 『몰입 think hard』의 서평에 이런 구절이 있다.

> 1분밖에 생각할 줄 모르는 사람은 1분 걸려서 해결할 수 있는 문제밖에 못 푼다. 60분 생각할 수 있는 사람은 그보다 60배나 난이도가 높은 문제를 해결할 수 있으며, 10시간 생각하는 사람은 600배나 난이도가 높은 문제를 해결할 수 있다.

결국 내가 얼마나 심도 있는 생각을 할 수 있느냐가 인생의 깊이를 결정하게 된다.

실제 이 책의 저자인 황농문 교수는 자기 자신을 실험 대상으로(멋지다!) '하전 된 나노입자 이론'을 완성했다. 오십

년 동안 풀리지 않은 숙제를 후딱 해치워 버렸다. 또 그는 자신의 이론이 천재들이 아닌 보통 사람들도 적용할 수 있는가에 대한 실험으로 뉴턴의 미분 문제에 대해서 골똘히 집중한 평범한 아이가 문제를 푸는 장면을 보여주었다.

이처럼 아주 특별한 조건을 가진 것이 아님에도 한 문제에 집중하여 해결하는 사례가 얼마나 많은가? 아르키메데스 이전에 목욕탕에서 물 넘치게 받아놓은 사람이 한두 명이었겠는가? 그러나 그 전에 '유레카'하고 외친 사람은 단 한명도 없었다. ('앗 차거!'라고 외친 사람들은 백만 명쯤 되겠지만.)

보물은 백사장에 널려 있지 않다. 만약 그랬다면 모든 피서객은 백만장자가 됐을 테니까, 보물은 깊은 바다 저 밑에 있다. 그래서 보물을 찾으려면 깊이 잠수할 수 있는 능력을 지닌 대심도 잠수부Deep Diver가 되어야 한다. 내 삶에 딥 다이버가 되기 위해서는 몰입력을 높이는 수밖에 없다.

모든 일에는 필요한 몰입의 정도가 있다. 필자의 사례로 단순히 예를 들자면, 포스트 잇 꺼내는 일에 1 정도의 몰입이 필요하다면 강의 교안 자료를 만드는 일에 80 정도의 몰입, 글 쓰는 일엔 100 정도의 몰입이 필요하다. 이렇게 하나의 중요한 프로젝트가 완성되려면 뇌를 가동하는 것부터 시작해서, 어느 정도 사고를 할 수 있는 깊이까지 내려가서 흐름이 끊기지 않고 지속되어야 한다.

'45분의 법칙'이라는 흥미로운 이론이 있다. 즉 내가 어떤 일을 하다가 방해를 받고, 다시 그 일을 하기 위해 같은 수준으로 전환될 때까지 걸리는 시간이란다. 이런 식으로 비유하자면 깊은 사고를 요하는 문제를 풀 때 30분마다 방해를 받으면 결국 8시간을 앉아 있어도 보나 마나 한 셈이 되는 것이다.

필자는 이 시간을 '워밍업 타임Warming-up Time' 이라고 부른다. 야구 게임을 보면 투수 교체할 때 바로 투수를 올려 보내는가? 그렇지 않다. 불펜Bull pen에서 공을 던지게 한다. 어깨를 풀어주고 몸을 덥혀주는 시간이 필요한 것이다.

글을 쓸 때도 마찬가지다. 글이 나오게 하려면 머리를 덥혀주는 시간이 필요하다. 주변 환경을 조용히 정리하고, 관련된 책을 쌓아 놓고, 마음을 가다듬고, 흰 종이를 펴 놓고, 좋아하는 펜을 이리저리 휘두른다. 일종의 의식인 셈이다. 이 관문을 통과해야 지식의 바다로 떠날 준비가 된 것이다.

이 중간에 방해를 받으면, 예를 들어 밥을 먹어야 한다든지, 간단한 내용의 전화를 받아야 한다든지, 따스해졌던 정신적 탐험의지는 한풀 꺾인다. 단기적인 경우만 몰입을 위한 워밍업 타임을 확보해야 하는 것은 아니다. 장기적인 실행 계획에서도 이런 시간이 필요하다.

실제로 세계 초일류 기업 마이크로소프트의 전 회장 빌 게이츠가 2주 동안의 사고주간Think week을 갖는 것이나 IBM 의 경영철학 'Think smart', 참신한 아이디어 상품의 천국 3M 등은 몰입을 통해 개인의 능력을 최고로 끌어올리고, 그들로 하여금 회사를 업계 1위로 우뚝 서게 하였다. 일반 단순 사무직의 노동 강도가 10시간을 넘게 자리에 앉혀 놓 아도 빌 게이츠처럼 2주 쉬면서 생각만 하고 온 사람보다 더 넓고 깊게 미래를 준비하지 못하는 결과를 보면 몰입의 중요성은 더욱 크게 느껴진다.

『전쟁론』의 창시자인 클라우제비츠도 '10의 힘을 갖고 1시간에 할 수 있는 일을 5의 힘을 갖고 2시간 안에 할 수 있다고 단언할 수는 없다.'고 이야기했다.

몰입은 이해보다 실천이다. 실제 필자가 고생고생하며 터득했던 몰입의 방법을 알려주겠다. 잠수부의 다이빙을 그려본다. 간단히 3단계로 표현할 수 있다.

① 먼저 목적지(다이빙할 장소)를 정한다.
② 산소통 및 도구를 점검한다.
③ 목적지에 뛰어들어 못 보던 경치를 즐긴다.

몰입도 이와 같다.

① 일을 하고 있는 목적을 정한다. 내가 하고 있는 일이 어떻게 나와 조직에 기여하는지에 대한 인식을 분명히 가진다. 만약 그렇지 못한 목적지라면 뛰어들 만한 다른 목적지를 찾는다.

② 자신의 환경을 점검한다. 그리고 몰입을 할 수 있는 최대한의 환경을 만들고 이용한다. 주중이 바쁘다고? 신은 5일을 만들지 않았다. 쉬고 싶다고? 안 해봐서 그렇지 몰입하며 자신이 원하는 주제를 탐구하는 시간이 소파에서 X-ray 찍는 시간보다 100배는 재미있다.

③ 몰입을 경험해 보라. 그리고 자신이 이렇게 놀라운 결과물을 만들어 낼 수 있는 사람이었는지 스스로 놀라도 된다.

퀴즈! 개와 독수리가 시합을 한다면 누가 이길까?

단, 조건은 절벽에서 출발이다. 잠깐! 이것도 퀴즈냐고? 보나 마나 독수리에게 일방적으로 유리한 경주다. 그러나 다른 조건이라면 어떨까. 날개를 전혀 쓰지 않고 운동장에서 100m 달리기로만 시합한다면? 이 시합에서는 말이 필요 없이 아침마다 동네 산책한 개의 압승이다.

무슨 이야기냐? 꼭 나를 변화시킬 필요는 없다는 것이다. 맞지도 않는 날개 풀로 붙이지 말고, 어색한 앞다리 끼워 넣으려 하지 말라는 거다. 상황에 따라, 불리한 시합도 있고 유리한 시합도 있다. 중요한 것은 유리한 시합에 나가는 것이다. 나한테 맞지도 않는 불리한 시합을 나가서 이길 수 있는 확률은 극히 드물다.

키가 160cm도 안 되는데 NBA^{미국 프로농구} 결승전 시합에 MVP가 되기를 바라는 것은 일요일 청백전 시합에서 최홍만이 통아저씨 훌라후프 통과하는 확률과 비슷하다. (185cm의 아이버슨이 농구는 신장이 아니고 심장으로 하는 거라 했다고? 아이버슨 정도의 크로스 오버와 탭 덩크는 구사할 줄 알아야 그 이야기도 할 수 있는 거다. 심장은 나도 있다!)

생체 리듬을 적극적으로 활용하라는 조언 되겠다. 무시하면 자기만 손해인 것이 세 가지가 있다. 아내의 충고, 내면의 소리, 그리고 생체 리듬이다. 생체 리듬을 어떻게 활용할 수 있는지 하나씩 이야기해 보겠다.

마이클 스몰렌스키가 쓴 『마법의 생체 시계』에 따르면 일하는 데 필요한 지적 능력은, 하루 24시간 가운데 20~30%가량 변한다고 한다. 똑같은 일을 해도 시간대에 따라 결과물이 많게는 1/3이나 차이가 난다는 의미다. 그렇다면, 언제 어떤 일을 해야 효과를 극대화할 수 있을까?

최고의 수준으로 지적 작업을 수행할 수 있는 시간대는 상당히 넓다. 대략 눈 뜨고 나서 2~3시간 후부터 잠이 들기 몇 시간 전까지라고 한다. 아침형 인간이 5시에 눈을 떴다면 7시에서 8시부터일 것이고, 보통 7시에 눈을 뜨는 사람이라면 9시부터 10시까지일 것이다. 아마 자신에게 민감한 사람이라면 자신이 편한 시간이 반복적으로 있음을 알게 될 것이다.

필자는 아침 9시부터 집중력이 올라가다가 밤 10시가 되면 집중력이 저하되고 능률이 떨어지는 것을 느낀다. 만약 나와 비슷한 사람이라면 이 시간대에서 승부를 걸어야 한다. 그리고 중요하지 않은 일들은 바깥쪽으로 밀어내야 한다. 예를 들어 이런 생체리듬을 가진 사람이 중대한 결정을 밤 11시에 내려야 한다면 다음날 분명히 후회하는 일이 생긴다. 프러포즈라든지, 프로젝트 결정 여부, 중요한 협상 등이 해당된다. 이성과 감정의 조화가 적절할 때 결정해도 전혀 늦지 않는데, 꼭 생체 리듬이 도와주지 않을 때에 저지른다. 게다가 이 시간대에 내리는 결정은 알코올을 수반한 결정이 대부분인지라, 정신 차렸을 때는 이미 먼 길을 걸어온 후다. 특히 분위기에 휩싸여 프러포즈를 하고 난 후 10년 동안 "저 웬수!" 하면서 살아봐야 서로에게 손해일 뿐이다.

남녀의 특성도 시점에 따라 전혀 다른 패턴을 보여준다. 대부분 여자는 남편을 찾을 때까지 자신의 미래에 대해서 끊임없이 결정을 내리지만, 남자는 아내를 맞이할 때까지 전혀 걱정하지 않고 산다. (결혼하고 아내가 남편의 총각시절 카드 빚을 보면 나의 말이 무슨 말인지, 감이 잡힐 것이다.) 이러니 조화로운 커플이 드문 것은 이상한 일이 아니다. 어느 CF에서도 그러지 않았나. '낭만은 짧고 현실은 길다.'고. 긴 현실을 낭만적으로 살려면 짧은 순간 현실적으로 판단하도록 노력하자.

오후에 처리하면 도움이 되는 일이 따로 있다. 암기가 필요한 업무들은 이 시간에 하면 좋다. 순발력이나 창의적인 생각보다는 통계치나, 다량의 내용을 습득하는 데는 오후가 유리하다. 게다가 세미나나 강습 등은 이른 오후인 점심시간 직후, 졸음이 오기 전 시간이 효과적이다.

이것은 받아들이는 상대방을 고려한 전략이기도 한데, 어느 정도의 식사 후 느긋함은 상대방에 대한 경계를 낮추기 때문에 상대방의 주장을 보다 더 여유롭게 받아들이기 때문이다. 너무 이른 시간에 시작하는 세미나는 청중의 날카로운 비판을 피하기 어렵다.

'밥 먹고 합시다!'라는 유머가 뜬 적이 있는데, 실제로는 비즈니스에서의 전략적인 활용으로써 신체 리듬을 활용한 고도의 전략이라 할 수 있겠다. 그렇다면 식사와 연관된 시간 관리 방법은 어떤 것이 있을까?

① 삼시세끼, 그만한 이유가 있다

정상적인 체중을 가진 사람에게 30분에 한 번씩 배고픈 정도에 순위를 매겼는데, 오전 7~8시, 정오, 오후 7~8시의 시간대가 가장 많았다. 특히 심한 배고픔을 느끼는 것은 정오라는 결과가 나왔다.

식사를 규칙적으로 하는 사람은 잠도 규칙적이라는 연구 결과도 있다. 규칙적인 식사는 적극적 사회생활의 참여와 더불어, 오후에 방문하는 우울증 예방에도 도움이 된다. 또한 어떤 질병에 걸려 치료를 위해 약을 복용한다고 해도 시간에 맞춰 먹게 돼 소화기관의 기능도 향상된다.

거꾸로 시차에 적응하지 못한 여행자가 맞지 않는 시간대에 식사하면 시차에 적응할 때까지 며칠간 설사나 변비로 고생하는 일이 종종 있다. 원정 경기를 떠나는 스포츠 선수들이 도착 후 곧바로 시합에 들어가면 씁쓸한 경기 결과를 얻기 쉬운 이유도 신체 리듬이 적응되지 않은 단계에서 무리한 일정을 소화했기 때문이다.

프로의 세계는 1~2% 차이가 승부를 결정짓는 경우가 태반인데, 하물며 20~30%의 생산성에 차이를 보인다면 그 경기는 뻔한 결과가 되는 것이다.

② 제대로 된 식사를 한다

시간 관리에서 먹는 것에 대한 지식은 너무나 중요한 연관성이 있다. 필자는 자연위생학^{Natural Hygiene}에 대한 책을 재미있게 읽은 적이 있다. 데이비드 루벤^{David Reuben}이란 박사는 다음과 같이 말했다.

> 환자에게 약물보다 훨씬 더 강력한 효과를 지닌 것들이 있다. 그 중의 하나가 음식이다. 우리 자신의 잘못은 아니지만, 현대의학에서는 그 특정 영역에 대해 무시했다. 우리의 의학 교육이 그것을 소홀히 했고 인턴 기간 동안에도 무시했고, 수련의 실습기간에도 무시했다. 환자 중 많은 사람이 먹지 못해서가 아니라, 먹는 것 때문에 질병을 얻는다는 것을 알게 되었다. 미국인들이여, 당신과 당신 자녀의 생존에 가장 큰 위협은 끔찍스러운 핵무기가 아니다. 그것은 오늘 저녁 당신의 밥상 위에 놓여 있는 그것이다.

질병에 걸렸을 때 개인적으로 일어나는 시간적 손실을 생각해 보라. 아니, 거기까지 갈 필요도 없다. 잘못된 식습관 때문에 우리는 매일 엄청난 시간의 손실을 본다. 인체의 24시간 순환 리듬에 따르면 다음과 같은 재미있는 사실을 알 수 있다.

스웨덴 과학자 아레 와에르랜드^{Are Waerland}, 미국 보건 과학대의 T.C 프라이어, 심리학자 게이 가에르루스^{gay Gaer-Luce}에 의한 생체 시간에 관한 저술과 다른 과학자들의 '24시간

리듬'에 관한 연구가 있는데, 이런 정보들에 의하면, 음식을 처리할 수 있는 인간의 능력은 하루 규칙적인 세 주기에 따라 움직인다는 것이다. 즉 우리는 음식을 먹고^{섭취}, 그 음식의 일부를 흡수하고 사용하며^{동화}, 우리가 사용하지 않는 것을 제거^{배출}한다. 이 세 주기는 어느 정도 동시에 이루어지지만, 하나하나는 하루의 특정시간 동안 보다 집중적으로 이뤄진다.

- 인체의 8시간 주기 -

오전 12시 - 저녁 8시 : **섭취주기** (먹고 소화시키기)

저녁 8시 - 새벽 4시 : **동화주기** (흡수 및 사용)

새벽 4시 - 오전 12시 : **배출주기** (체내의 노폐물과 음식 찌꺼기의 제거)

어렵게 설명할 것도 없다. 밤늦게 먹으면 다음날 아침에 무슨 느낌이 드는가? 아마 깨어났을 때 개운하지 않고 '약에 취한 듯한' 느낌을 경험했을 것이다. 음식이 위를 떠난 이후에 진행되는 동화주기가 방해되었기 때문이다. 생리적으로 우리 몸은 일찍 저녁 먹기를 원한다. 음식이 위를 빠져나가는 데는 최소 3시간이 지나야 한다. 그러나 대부분의 현대인이 과도한 식사와 간식을 아무 때나 즐기면서 산다.

필자가 이 분야에 즐겨 보았던 책은 하비 다이아몬드의

『다이어트 불변의 법칙』이다. 이 책을 읽은 이후에는 저자의 주장대로 아침에 과일만 먹는다. 점심 전까지 그 정도로도 충분하다. 솔직히 더 큰 효과를 보려면 한두 가지를 더 지켜야 하지만 이 정도로도 현재 몸무게를 유지하고 있다.(필자는 불규칙한 식생활로 말미암아 거의 100kg 가까이 나간 적이 있다.)

실제 아침에만 과일을 섭취하고 물을 많이 마시기 시작한 지 얼마 되지 않았을 때 필자에게 우연히 뷔페를 접하게 된 기회가 있었다. 아직 예전의 식습관이 많이 남아 있을 때라 유혹을 이겨내지 못하고 허겁지겁 먹어 치운 것이다. 그러자 놀랄 만한 일이 벌어졌는데, 바로 약에 취한 듯이 의자에서 고개를 늘어뜨리고 잠깐 곯아 떨어졌던 것이다.

우리를 정화시키기는커녕 오염시키는 음식을 그렇게 많이 먹는 이유는 우리가 혀끝 미각의 포로이기 때문이다. 음식에 대한 유일한 조건은 '맛이 어떠냐?'이다. 입에서는 활짝 반긴다. 하지만, 몸의 나머지 부분은 어떻게 반응하나? 대부분 사람이 신체의 작은 부분에는 90% 이상 신경을 쓰고 나머지 부분은 10%도 관심을 두지 않는다.

'오늘 뭘 먹으면 맛있을까?'라고 이야기하지 '오늘 뭘 먹으면 건강해질까?'라고 묻는 사람이 주변에 있는가? 이 책을 읽으면서 식사 또한 관리의 대상이 되어야지, 시간을 효율적으로 쓸 수 있다는 사실을 명심해야 한다.

소화는 엄청난 에너지를 쓴다. 잘못 배합된 음식과 싸우며 밤을 보내지 않았다면, 몸은 하루를 위해 최고의 에너지 상태로 유지되어 있을 것이다. 아침에 넘쳐나는 에너지를 버거운 식사로 소모시키지 말기 바란다. 실제 수분이 많은 과일과 채소를 권하는 식단, 단백질 강박증에서 벗어나는 방법 등이 사례로 소개되어 있다. 필자는 아직 식습관에 대해서는 허비만큼의 전문가도 아니고 실천율도 반 정도밖에 되지 않으니, 도움이 된다면 그의 책 『다이어트 불변의 법칙』을 참고해 보는 것이 도움 될 것이다.

③ 낮잠을 잔다

한낮이 되면 많은 사람이 일시적으로 졸음을 느낀다. 또 식사를 하지 않은 편보다는 식사한 편이 더 심하게 졸음이 온다. 어떤 연구에서, 젊은 남성을 세 집단으로 나누어 1,000Kcal의 점심을 먹은 사람, 300Kcal의 점심을 먹은 사람, 그리고 점심을 먹지 않은 사람으로 분류하여 점심 식사 후의 졸음이 오는 정도를 비교했다.

결과가 무척 흥미로웠는데, 점심에 탄수화물을 많이 섭취하고 있다는 것이었다. 쌀이나 파스타, 빵 등으로 대표되는 탄수화물에는 졸음을 더 유발하는 성분이 도사린다. 따라서 건강을 유지하며 오후 시간을 제대로 보내도록 규칙적인 식사를 하되, 점심은 가볍게 먹고 너무 많은 탄수화물 섭취는 피하기 바란다.(반찬을 보통 먹던 것만큼 먹으면서 밥을 반 공기만 먹는 것도 요령이다.)

가볍게 식사를 한 후에 오후 능률을 위해서 수면 전문가들은 사무실에서의 낮잠을 권하고 있다. 낮잠은 사람의 민첩성과 생산성을 높이고, 일에서의 실수를 줄여주기 때문이다. 필자는 꼭 다른 사람과 먹어야 할 때를 빼놓고서 1시간의 점심시간이 주어지면 가능한 20분 정도 내외로 가볍게 식사를 마치고 올라와 낮잠을 청하는 편이다. 15~20분 정도지만 그 정도로도 충분하게 오후 시간을 집중하며 보내는 데 도움이 된다. 문화권에 따라 점심 후에 긴 휴식을 허용하는 곳도 있지만, 너무 무더운 나라가 아니고서는 아직 많지 않다. 게다가 국가를 초월한 '글로벌 경쟁'이라는 핑계로 점심때조차도 머리를 쓰는 일을 하는 사람이 많은 것이 사실이다. 하지만 점점 경쟁력이라는 것이 노농의 양이 아닌 질에 의해서 판가름나는 추세여서 많은 경영자 층이나 조직 관리자는 효율을 높이는 낮잠 문화에 대해서 신중하게 검토해봐야 할 것이다.

이상은 회사의 오후에 반드시 해야 할 하루의 방향 설정이다. 아무리 효율적으로 하려고 해도 기본 방향을 모른다면 잘못된 길로 갈 수밖에 없다. 내 몸이 가솔린차라고 생각해 보자. 1L 넣는 것보다는 10L 넣는 것이 멀리 갈 수 있다고 휘발유 대신 경유를 넣는다면 어떻게 되겠는가? 무조건 많이 넣어서 좋은 것이 아니다. 많이 하기 이전에 올바른 것을 넣어야 하는 것처럼 생체학 원리를 알아야 올바른 응용이 가능한 것이다. 예전에 몸짱 권상우라는 연예인의 '자신의 몸이 신전이라면 무엇을 쌓아 놓겠습니까?'라는 말을 굳이 빌리지 않더라도 자기 몸에 대한 올바른 이해와 관리는 성공적인 시간 관리를 위해 필수적이라고 하겠다.

어떤 회사가 자사 직원 4명을 해고하고,

외국에서 데려온 네 명의 저임금 노동자를 채용했다. 하지만, 그들이 식인종이란 사실을 아는 사람은 아무도 없었다. 새로운 직원을 환영하며 사장이 말했다. "여러분을 진심으로 환영하오. 이제 이곳에서 일하며 돈도 넉넉히 벌고 구내식당에서 마음껏 식사도 할 수 있으니 참고하구려."

그로부터 4주일 후 사장이 그들을 찾아왔다.

"자네들의 유능함에 정말 만족하네. 그런데 한 가지 문제가 생겼어. 자네들이 일하는 부서의 실무자가 행방불명 되었다네. 혹시 알고 있는 사람 있나?”

식인종들은 입을 모아 모른다고 대답했다. 사장이 떠나자 가장 나이 든 식인종이 동료에게 물었다.

“어떤 놈이야? 실무자 잡아먹은 게?”

그러자 뒤쪽에서 가장 나이 어린 식인종이 기어들어가는 목소리로 대답했다.

“전데요……”

가장 나이 많은 식인종이 불같이 화를 내며 말했다.

“이 바보야! 지난 4주 동안 공장장, 부서장, 시스템 관리자, 품질 담당자 다 잡아먹었는데 누구 하나 물어본 사람 있어? 그런데 이 얼간이 같은 놈아! 실무자를 잡아먹으면 어떻게 해!”

웃음이 나온다면 냉정하게 한번 판단해 보자. 내가 없어도 회사가 돌아가나? 요지는 회사가 내가 없으면 문제가 있을 것 같다고 느끼게 하는 것이다.

현장에서 필요한 사람이 되라. ‘나 없이도 문제없이 돌아갈 것 같다.’라면 그건 여러분에게 문제가 생기기 시작했다는 의미고, 회사가 ‘나 없으면 더 잘 돌아갈 것 같다.’라면 돌아올 수 없는 상당히 먼 길을 걸어온 셈이다.

예전에 비^{정지훈}라는 가수가 ‘대체할 수 없는 사람이 되자’는 좌우명을 얘기한 적이 있다. 춤 잘 추는 사람, 노래 잘 부르는 사람, 연기 잘하는 사람이 매일 생기고 도태되는 곳에서 몇 년씩 정상을 유지하기 위해 춤이나 노래뿐 아니라 연기, 해외 영화 출연, 브랜드 사업까지 진출하는 것을 보면서 자신의 좌우명에 맞춰 실천하는 사람이구나 하는 생각을 했다.

조직도 마찬가지다. 나에게 써먹을 만한 가치가 있은 후에야 과감히 배팅할 수 있는 것이다. 더 구체적으로 말하자면 내가 나가겠다고 그러면 조직에서 두 배의 몸값을 주고도 잡으려고 하는 사람이 되라. 최소 50% 이상의 상승이 아니면 차라리 가지 마라. 옮기며 10~20% 조금 더 받아 봤자, 이쪽에서도 새로운 사람을 익히고, 조직을 익히고, 업무를 익혀야 하는 부담감과 시간이 필요하기 때문이다.

그리고 나가겠다고 하는데, 두 배의 몸값은커녕 기다렸다는 듯이 "할 수 없지. 그동안 반가웠…"라는 말이 나오면 바로 그 자리에서 "에이~ 왜 그러세요? 농담도 못하나요? 전 여기서 뼈를 묻을 겁니다."라고 해라.(말이 다 끝나기 전에 잘라야 한다. 사람은 자기가 내뱉은 말을 책임지는 속성이 있는 존재니까) 그리고 거기가 자신의 천직인 줄 알고 안 잘라 주는 것에 감사하며 열심히 일해라. 더 근원적인 질문으로 진짜 바깥^{시장}에서도 그 몸값 이상 받을 수 있게 만들어 놓았다면 스트레스 받으며 왜 그곳에 있겠는가? 좀 아프게 들릴 수 있지만, 그 몸값은 누가 만든 결과인가? 철저히 자기가 만든 것이다.

많은 사람이 '지금 나는 운이 없어. 하지만, 기회만 와봐. 오기만 하면 잘 해낼 수 있어'라고 이야기 하면서도 오늘 주어진 일에는 대충하는 경향이 있다. 필자가 단언컨대 그런 사람에게는 절대 기회 자체가 오지 않는다. 행운이란 준비가 기회를 만났을 때 생긴다. 내가 준비도 안 돼 있는데 오는 기회는 기회가 아니라 불운의 시작이다.

C 과장과 K 과장이 있다. 승진이 늦은 둘에게 아직 운이 따라주지 않았다고 볼 수 있다. 하지만 C 과장이 남 탓만 하는 동안 K 과장은 철저히 시간 관리를 하며 프레젠테이션 실력을 갈고 닦았다. 마침 다른 사람의 돌발 상황 덕분에 둘에게 회사의 중요한 발표를 다음날 갑작스럽게 해야 하는 임무가 떨어졌다.(조직의 일이라는 것은 항상 갑작스럽다. 인생도 마찬가지다.) 자, 어떤 결과가 나오겠는가? K 과장은 그동안 갈고 닦은 실력을 펼치며 완벽한 눈도장 찍기에 성공했다. 하지만, C 과장은 거꾸로 큰 무대에서 자신이 그동안 실력을 안 쌓았음을 만천하에 공개하는 꼴이 되었고 더 무능력한 사람으로 찍히게 되었다. 결국 잘했든 못했든 그 결과가 자신에게 있다고 냉철하게 분석하지 않는 한, '행운'은 요원할 수밖에 없다.

이런 행운을 얻기 위해 '준비'하기 가장 좋은 곳이 어디

냐 하면 바로 현장이다. 지금 내가 몸담고 있는 현장이야
말로 최고의 학습장인 것이다. 하루하루가 실험의 연속이
고 결과의 연속이다. 물론 회사 업무가 끝나고 자기계발을
하는 것도 중요하다. 하지만, 그 모든 배움은 현장을 통해
서 재생산되고 인정을 받을 때만 의미가 있는 것이다.

커뮤니케이션 방법을 배웠다고 치자. 그냥 배움으로 끝
나는 것은 유치원생보다도 못한 것이다. 그 배움이 현장에
서 나만의 철학으로 다시 녹아야 한다. 상사에게 말하는 방
식도 이렇게 저렇게 바꿔보고, 동료를 대하는 태도도 바꿔
보며 하나씩 접목해야 한다. 그래야만 자기계발 시간을 제
대로 쓰는 것이 된다. 언젠가 좋은 환경이 오면 그때 나의
실력을 보여주겠다며 꼭꼭 숨겨봐야, 칼집에 오래 넣어둔
검처럼 누렇게 변색될 뿐이다.

실제로 교육 회사에서 처음 프레젠테이션을 나갔을 때
였다. PT가 끝나고 팀장이 꺼낸 이야기의 90%가 잘못된 자
세와 목소리 등 부정적 피드백 일색이었다. 언뜻 들으면 주
눅이 들 수도 있는데, 필자는 다음 기회를 노리고 연습에 연
습을 거듭했다. 팀장에게 보여줘야겠다는 마음가짐보다 이
전의 모습을 뛰어넘고 싶다는 목표를 세웠던 것이다.

'중요한 것은 한 번도 넘어지는 것이 아니라, 넘어질 때
마다 일어서는 것이다.'를 되뇌며 가능한 자청해서 또 경쟁
PT를 나가기도 하고, 집에서는 베개를 의자에 세워 놓고 눈

맞추는 연습을 했다. 대화를 할 때도 일부러 손동작을 크게 그렸다. 보고를 할 때 발음도 분명하게 하려고 노력했다. 그리고 결국은 리더십 센터에서 주최하는 프레젠테이션 경진 대회에서 1등을 하게 되었다.

눈덩이 효과*Snowball Effect*라는 말이 있다. 처음에는 별 볼일 없어 보이는 주먹만 한 눈덩이가 점점 굴러가면서 나중에 상상도 못할 정도로 큰 눈폭탄이 되는 것이다. 이미 만들어진 눈폭탄^{결과}을 보면 놀라지만, 시작은 눈덩이부터임을 간과하는 사람이 많다. 이 작은 차이가 누적되고 누적이 되어야만 결과가 나온다.

거꾸로 현장을 통해 배움이 서툰 사람의 특징은 새로운 일에 대한 시도와 실패를 꺼린다는 것이다. 어떤 새로운 것이 나오면 '기존 것의 익숙함'을 내세우면서 꼭 '저번에도 해 보았는데 별 효과가 없더라' 등의 이야기만 한다. 그저 어제 익숙하고 오늘 익숙한 일들을 계속 반복해서 하는 것이 현장 학습이라고 착각한다. 3년이 지나도, 5년이 지나도 별반 다를 것이 없다. '왜 내 주변은 이 모양이지?' 하기 이전에 '왜 내 모습은 몇 년 전 모양 그대로일까?'를 생각해 보지 않는 이상 변화는 먼 나라 이야기일 뿐이다.

특히 한 조직에 오래 머문 사람은 이 질문에 스스로에게 냉정하게 답해봐야 한다. 예를 들어 5년 이상 되었다면 '10년이면 강산이 바뀐다던데, 강산이 반이나 바뀔 동안 나 역시 50%는 변화했나?'라고 말이다. 자기 자신에게 관대한 사람은 결국 세상의 냉정함을 맛보게 되어 있으며, 자신에게 철저한 사람은 결국 세상의 관대함을 맛보게 되어 있다.

시도하고, 실패해라! 자신 있게 무언가를 시도할 수 있는 곳이 현장이다. 회사는 돈을 주고 당신에게 실패를 책임지게 해주는 고마운 조직이다.

유명한 일화가 있다. 예전에 유망한 젊은 경영자가 실패한 계획으로 IBM에 1,000만 달러의 손실을 입힌 적이 있었다. 젊은이는 IBM 창립자 톰 왓슨 Tom Watson Sr.이 당연히 자신을 해고할 거라 생각했다. 왓슨은 이렇게 말했다. "무슨 바보 같은 소리인가? 자네를 교육하는데 1,000만 달러나 들였는데 해고하다니?"

모든 일에 실패하라는 뜻은 아니지만, 성공은 시도와 실패 속에서만 나오는 것임을 유능한 경영자는 알고 있다. '평범한 성공에 벌을 내리고 멋진 실패에 상을 내려라' 경영학의 구루인 톰 피터스가 너무도 좋아하는 말이다.

시간 관리 차원에서 책상 관리도 하나의 전략이다.

행동 지침부터 간단히 말해주자면 낮 동안에는 파일이나 서류 뭉치를 책상 위에 펼쳐 놓고 일한다. 이런 업무 방식은 당신이 열심히 일한다는 것을 보여준다. 게다가 관련된 서류들이 한눈에 보이면 종합적 사고가 가능하고 이것저것 다시 빼내는 번거로움을 줄일 수 있다. 컴퓨터로 비유하자면 메모리가 높을수록 관련된 프로그램을 띄워 놓아도 다운되지가 않는다. 책상은 메모리에 비유할 수 있다. 그래서 가능하면 넓은 책상이 좋다.

필자는 작업을 하는 집에도 상당히 넓은 책상에서 작업할 뿐 아니라, 옆에도 작은 간이용 책상이 하나 더 있다. 관련된 책을 쌓아 놓을 때 편하기 때문이다. 단 중요한 체크 포인트가 있는데 연관성 있는 것들만 올려놓으라는 것이다. 관련 없는 것들을 이리저리 어질러 놓아봐야, 본인만 혼란스러울 뿐이다. A를 하려고 하는데 B와 연관된 자료가 눈에 뜨이면 무슨 집중이 되겠는가. 관련된 자료여야 효율이 높아진다.

퇴근할 때는 모두 제자리에 정리한다. 이런 모습은 체계적인 사람이라는 인상을 줄뿐더러 당신이 회사의 기밀을 지키려 한다는 인상까지 얹어 준다.

거꾸로 한다고 가정해 보자. 낮에는 업무와 연관된 것들이 전혀 책상에 놓여 있지 않고, 퇴근 후에는 회사와 관련된 기밀문서가 여기저기 흩어져 굴러다니는 모습. 제대로 일한다는 인상을 주기에는 애초부터 글러 먹었다. 성격의 좋고 나쁨을 떠나서 지금 자신이 아는 상사 중 가장 높은 위치의 사람부터 하나씩 보고 와라. 대부분 퇴근 후에는 책상이 깔끔한 것을 볼 수 있을 것이다.

필자도 정돈이 쉽지 않은 사람이었는데 정리 정돈을 중요하게 여기는 환경을 접하면서부터 퇴근할 때는 꼭 정리하는 습관을 들이게 됐다. 그리고 하루에 한 번씩 새로 생성된 파일이나 책을 필요한 곳에 일목요연하게 철을 하고 분류해 놓는다. 일단 이렇게 되면 나중에 다시 찾는 시간이 절약된다.

만약 물건을 놓는 자리가 정돈이 안 되었다면 『부자가 되려면 책상을 치워라』의 저자 마스다 미츠히로의 조언이 도움이 될 것이다. 방법은 간단하다. 물건을 향해 "너의 자리는 어디지?" 하고 물어보는 것이다. "호지키스 군, 넌 지금 식탁에 있지만, 원래 있어야 할 자리는 어디야? 그러면 호지키스는 "내 일은 여러 장의 종이가 흐트러지지 않도록 묶는 거예요. 그러니까 책상 쪽에 놓아주시면 좋겠어요." 하고 대답할 것이다. 이와 같이 '물건에 대한 코칭'을 해나가면 즐겁게 정리정돈을 할 수 있고, '그냥 여기에 놔도 괜찮아.' 하는 잘못된 생각을 없앨 수 있다.

추가로 팁을 주자면 의자도 가능한 제일 좋은 것을 사용한다. 의자는 아주 정직할 뿐만 아니라 가장 가치 있는 투자다. 지적 노동을 하면서 콘텐츠를 생산하는 사람이라면 좋은 의자에 투자하는 것이 마라톤 선수가 좋은 신발을 사는 것과 마찬가지라는 걸 알게 된다. 필자는 유명한 의자 회사의 제품을 두 개나 보유하고 있다. 작업 환경 때문에라도 책상과 의자는 꼭 그 값을 한다.

인력자원 관리론에서 일대 화제를 불러 일으켰던 신시아 샤피로의 『회사가 당신에게 알려 주지 않는 50가지 비밀』이라는 책에서 나온 이야기인데 필자가 공감하는 구절이 있다.

그 중의 하나가 '일을 잘 처리한다는 인상'을 주라는 것이다. 저자는 업무 흐름의 효율적인 정리를 위해 플래너를 사용하라고 권한다. 왜냐하면 이 방법이 하루 일과를 일목요연하게 정리하고 계획함으로써 생산성을 극대화하기 때문이다.

우선, 상사가 지시한 사항은 즉시 플래너에 기록한다. 그리고 데드라인이 되기 약간 전에 그 일이 어떻게 돼가고 있는지 보고한다.

"B 고객에게 연락하라고 했던 일 어떻게 됐어?"라고 물을 때, "어… 그게 말이죠. 어떻게 되었느냐 면요…" 하면서 메모지를 뒤적거리는 편보다 "21일 지시하셨던 사항을 당일 오후 3시에 연락한 결과 B 고객이 24일 미팅을 하자고 답변이 왔습니다." 하고 보고해 보자. 만족해하는 상사의 웃음을 볼 수 있을 것이다. 언제 무슨 질문을 받을지 모른다. 따라서 필요한 모든 것은 바로 찾을 수 있어야 한다. 이렇게 일목요연하게 정리해 놓으면 후일 색인을 해서(인덱싱) 다시 자료를 찾을 때 큰 도움이 된다.

필자가 플래너 좀 쓴다는 사람을 유심히 살펴보면 실제 그 위력을 잘 모르는 사람들이 많다. 일 중독자들은 플래너가 온통 일 중심으로만 채워져 있다. 이 일도 해야 하고, 저 일도 해야 하고 그러면서 바쁘다는 말을 입에 달고 산다. 이런 사람이 잘 살고 있는 걸까? 필자는 아마 탈 벤 샤하르가 『해피어』에서 이야기 한 성취주의자의 함정에 빠져 있을 것이라고 생각한다. 오늘 찾지 못한 행복을 확신하지 못하는 미래의 어디에서 건지려고 하는……. 바쁘다는 말을 되뇌며 그것을 마취제 삼아, 자신은 '잘' 살았다고 세뇌한다.

반면에 치장에만 열중하는 부류가 있다. 자기가 화장하

는 만큼 플래너의 외모에 신경 쓴다. 바인더 수첩의 겉을 싸는 외향 는 몇 개씩 있으며, 각종 스티커와 색깔별 펜으로 내용을 채운다. 물론 보기 좋은 떡이 먹기 좋다는 속담이 있지만, 정작 그 플래너를 통해 이뤄야 할 본인의 삶에 대한 고민 없이, 예쁘게 포장에만 신경을 쓴다는 것은 본질이 바뀐 관리다. 플래너보다 더 예뻐야 할 것은 여러분의 삶이란 말이다.

그보다 더한 경우는 연초마다 플래너를 사며 마냥 좋아하는 것이다. 잘 쓰느냐고 물어보니, 거의 안 쓴단다. 그런데 왜 쓰느냐고 다시 질문하면 "그냥 이렇게라도 안 하면 정말 뭐하고 사는지 불안해요. 일단 사 놓으면 좀 안심이 되고…"라며 운을 뗀다. 차라리 그거 사는 값으로 보험이라도 들어놓는 것이 더 현실적으로 안심되는 행동이라고 이야기해 주고 싶다.

플래너를 쓰는 방법에 대해서는 시중에 관련된 책이 많이 나와 있고 활용하는 방법 또한 무료 세미나가 많이 열리고 있으니 참고해서 들어보는 것도 도움이 될 것이다. 필자 또한 시간 관리 세미나를 진행했으며 플래너 활용 방법에 대해서도 강의 내용과 칼럼을 나누고 있다.

필자는 플래너를 통해서 단순히 관련된 분야의 일을 넘어서 자기계발 및 가정과 일의 균형, 그리고 지배 가치와 사명서까지 같이 넣어놓고 실천하며 점검한다. 단순한 수첩이라기보다는 개인 비서 같다. 세부적으로 관련된 칼럼 몇 개를 공유하니 도움이 되었으면 한다.

1. 새해 목표 이루는 법 + 플래너 활용법 팁

   http://yangcoach.com/90039869557

2. 효과적인 인생 관리를 위한 시간 관리 세미나

   http://yangcoach.com/90038175951

   http://yangcoach.com/90024819222

현장 학습에서 중요한 것은 시도하고 실패하는 것이다. 하지만, 그것보다 더 중요한 것은 실패로부터 배우는 것이다. 실패로부터 배우지 못하는 사람은 무엇이 성공인지도 알 수 없다.

GE의 전 회장 잭 웰치의 어린 시절 일화다. 살렘 고등학교 졸업반 시절 아이스하키팀 주장이었던 웰치는 최대의 라이벌인 베버리 고등학교와 예선전 마지막 경기를 펼쳤다. 그는 주장답게 두 골을 넣었지만, 막판에 두 골을 허용해 연장전까지 간 끝에 패배했다. 화가 난 잭 웰치는 하키

스틱을 얼음판 위에 던지고 라커룸으로 들어갔다. 그때 어머니가 따라 들어와 이렇게 야단을 쳤다.

"잭, 네가 만일 패배를 인정할 줄 모른다면 넌 결코 멋지게 승리하는 방법 또한 알 수 없을 거다." 이 말은 잭 웰치의 가슴에 깊이 남았다. 메모가 된 것이다.

실패 노트는 그래서 중요하다. 성공의 달콤함보다는 실패의 쓰라림이 오래 기억되는 법이다. 그 느낌을 그냥 느낌으로만 가지고 있으면 패배자로 남을 수밖에 없다. 기계를 잘못 운용해서 실패할 수도 있다. 말 실수로 협상에 실패할 수도 있다. 문서를 잘못 작성해서 실패할 수도 있다. 중요한 것은 다시 실수를 하지 않는 것이다. 그러려면 내가 무엇에 실패했고, 왜 실패했는지 알아야 한다. '저번 실패가 어디 적혀 있을까?' 그것이 미래를 성공 궤도에 안착시키는 길이다.

실패 노트 작성은 아주 간단하다. 가지고 다니는 수첩 뒤쪽에다 섹션을 하나 정해서(여기서부터 여기까지 적겠다를 정해 놓고) 섹션 앞쪽에 '실패 노트'라고 이름을 쓴다. (보통 10~20쪽 정도 정하면 충분하다.) 그리고 삶에서 '아차~! 이건 아닌데…'라는 생각이 들 때마다 수첩을 펴고 방금 일어났던 이유를 적는다.

새로운 회사로 이직한 H 씨는 ERP를 다룰 때에도 아주 유용하게 활용했다. 원하지 않는 값이 계속해서 나와 전산

담당자에게 물어본 후 답을 찾아 '내가 이렇게 해서 안 됐는데, 저렇게 해보니 되더라'는 내용을 실패 노트에 적어 놓았다. 후에 무의식적으로 안 되는 방법은 피해가게 되었다. 인간관계도 마찬가지다. '아차, 이런 말 하면 상대방이 굉장히 언짢아하고 싫어하는구나.'라며 후회하는 특정 대화나 주제가 있게 마련이다. 그런 경험을 할 때 실패 노트에 내가 했던 말과 주제를 적어둔다. 그러면 다음번 비슷한 상황에서 똑같은 주제의 난처한 상황을 탈출하게 된다. 메모의 힘은 당신의 생각보다 놀랍다.

필자도 플래너와 노트 한 권을 활용해 아쉬웠던 상황을 분석하고 그것이 그렇게 일어날 수밖에 없는 요인을 파헤친다. 그리고 그 요인 중 내가 제어할 수 있는 것을 찾는다. 되풀이되는 바보 같은 짓은 눈에 띄게 줄 수밖에 없다.

실패 노트는 농익은 노하우를 가진 동료다. 다시 한 번 말하자면, 시도하고 실패하는 것은 좋다. 첫 번째 실패는 위대하다. 하지만 똑같은 두 번째 실패는 어리석다. 우리의 관심사는 실패를 통한 노하우로 돌려야 한다.

왜 시간 관리를 이야기하면서 필자가 이메일 쓰기를 한 파트로 넣었을까?

바로 IT 기술이 발달하면서 대부분 사람이 업무의 많은 부분을 이메일로 처리하기 때문이다. 하지만 이에 대한 교육이 제대로 되어 있지 않아 많은 시간이 낭비된다.

결론부터 말하면 비즈니스 글쓰기는 친구끼리 하는 펜팔이 아니다. 이엔도 슈사쿠의 『전략적 편지 쓰기』란 책에 이런 구절이 있다.

자, 이런 상황을 보자. 당신이 상사에게 7월 29일 부산으로 출장을 가게 되었다는 보고를 해야 하는 상황이라고 하자. 그렇다면, 다음 중 어떤 제목으로 메일을 쓰는 것이 적절하겠는가?

1. 출장에 관한 용건이 있습니다.
2. 김 대리에요, OO 판매하러 출장 갑니다.
3. 7월 29일 출장
4. [보고] 김 OO대리, 7월 29일, OO 판매 건으로 부산 출장을 가게 되었습니다.

자, 몇 번 제목이 적당하겠는가? 잘 모르겠다면 메일을 받는 사람의 처지에서 보면 된다. 어떤 메일 제목으로 받아야 한눈에 상황을 파악할 수 있겠는가? 특별한 사유가 없는 이상 (4)번을 선택하는 것이 당연하다. 바로 글을 받는 사람이 제목만으로도 내용을 파악할 수 있기 때문이다.

'나는 글을 잘 쓰네, 못 쓰네.'라는 이야기는 의미가 없다. 이제는 글을 잘 못쓰던 사람도 이메일을 하루에 몇 통씩 배달해야 하는데 특별한 글쓰기의 기술이 어찌 중요하지 않을까.

다음은 데이비드 시플리가 쓴 『비즈니스는 이메일로 완성된다』에 소개된 '이메일 내용의 팔거지악'을 필자의 삶에 접목해보고 완성한 내용이다. 참고하여 자신과 타인의 시간을 절약하는데 도움이 되기를 바란다.

1. 애매모호한 이메일

예) '그거' 잊지 말고 해야 해.(도대체 그것이 뭔지 다시 물어봐야 한다면 이미 귀찮은 일만 더 만들어 낸 꼴이다. 눈빛만 봐도 아는 사이라 해도 이런 내용은 오해를 불러일으킨다. 그리고 세상에 눈빛만 봐도 다 아는 사이는 없다. 이런 부적절한 지시 대명사는 동료에게 무능한 사람으로 찍히는 1번 코스다.)

2. 책상에서 뛰쳐나올 정도로 무례한 이메일

예) 참, 그것밖에 못 해 놓고도 변명이야? (곁에 있었으면 주먹을 날릴지도 모른다. 상사라면 꿈에서라도 때리고 싶을 것이다.)

3. 당신을 교도소에 보낼 수 있는 이메일

예) 한 주당 2만 원이 되면 파세요. 제가 신호를 드릴게요.(잘한다. 그리고 감사실도 고마워할 거다. 감사실에 존재 이유를 부여해 주었으니까. 이런 메일은 결정적일 때 꼭 터지게 돼 있다.)

4. 비겁한 이메일

예) 할 말이 뭐냐 하면, 당신을 해고하려고 합니다.(이게 어디 숨어서! 하면서 씩씩대는 수신자가 상상이 되지 않는가? 요즘은 이것도 추세인지 전자 제품과

전기 공구를 판매하는 라디오색이라는 회사가 "본사는 현재 정리 해고를 통보하고 있습니다. 유감스럽게도 귀하는 감원 대상입니다."라고 메일을 보냈다. 그 사람이 다시 나가서 회사를 어떻게 생각할까에 대한 고민을 해 보는 인사 담당자가 있으면 좋겠다.)

5. 도무지 끝이 안 보이는 이메일

예) Re: Re: Re: Re: Re: Re: Re: Re: Re: 그거 있잖아. (어디서부터 시작됐는지 알 수는 없지만…….)

6. 복수의 칼날을 갈게 만드는 비꼬는 이메일

예) 일 한번 매끄럽게 했네. 정말 매끄러워. (상대방이 언제까지나 당신보다 힘이 적을 거라 생각 하는가? '네 비꼼도 언젠가 대패로 한 번 밀어 주마'라며 와신상담하는 사람에게 썼다면 지금이라도 정중히 사과해라. 그리고 일과 사람을 구분하지 못하고 상처를 준 자신에게 반성해라.)

7. 지나치게 격식 없는 이메일

예) 방가! 그 승인 건에 대해선 별 얘기 없나요?
(여기가 네 놀이터고 내가 네 펜팔 친구니?)

8. 부적절한 이메일

예) 제가 묵는 호텔방에서 그 문제를 의논하는

게 어때요? (실제로 메신저로 부하 직원을 성희롱 했
다가 고발을 당해 해고된 사람이 종종 있다. IT시대에
다 로그Log로 기록이 돼서 남을 수 있다는 것을 알았더
라면 그렇게 용감하지는 않을 텐데 라는 생각이 든다.)

보고 나서 혹시 자신의 삶이 위협을 받을 정도로 전략
없이 쓴 적이 있지 않나 생각해 보기 바란다. 반대로 위험
요소를 살펴보았다면 이제는 시간을 아껴주는 이메일 활용
법을 살펴볼 차례이다.

1. 수신인을 정확히 활용하라

『탁월한 조직이 빠지기 쉬운 다섯 가지 함정』의 저자
패트릭 렌시오니는 다음과 같이 말했다.

뭔가를 요청하는 이메일을 한 명에게 보냈을 때 답장을 받을
확률은 95%지만, 10명에게 보내면 그 확률이 5%로 떨어진다. 받
는 사람이 많을수록 개인당 책임감은 급격히 떨어지기 때문에 수
신자는 이메일을 읽지 않거나 요청을 등한시하게 된다.

그는 이 같은 현상을 이메일 판 '무임승차 효과'라고 부
른다. 따라서 수신인 란에는 한 사람만 써야 그 사람이 이
메일에서 지시하는 것을 실천으로 옮길 가능성이 크다. 배

가 산으로 가는 경우는 사공만 많을 때가 아니다. 수신인이 많아도 배는 산으로 간다.

다음 사례를 보자.

> 보낸 사람 : 김 부장
> 받는 사람 : 박 팀장, 강 팀장
> 제   목 : 회의
>
> 내   용 : 2팀 매출 회의 때 차트를 가져와 주세요.

누가 가져 올까? 아마 둘 다 가져오지 않거나, 둘 다 가져올 것이다. 더 정확히 말하며 한국말로 소위 '짬밥(서열)' 안 되는 사람이 가져올지도 모른다. 결과는 회의 시간이 되어야 안다. 자, 그러면 어떻게 써야 할까?

> 보낸 사람 : 김 부장
> 받는 사람 : 박 팀장, 강 팀장
> 제   목 : 회의
>
> 내   용 : 박 팀장은 2팀 매출 회의 때 차트를 가져와 주세요.
> 강 팀장은 박 팀장이 차트를 가져오는 것을 '잊지 않게' 이야
> 기해 주세요.

또 수신인 란에 꼭 여러 사람을 적어야 한다면 회사마

다 직급체계가 다 다르겠지만, 직책이 높은 사람부터 적어라. 생각보다 많은 사람이 서열에 신경을 쓴다.

2. 참조의 기능을 이해하라

수신인 란과 참조 란을 구별한다. 예를 들어 어떤 사람에게 감사의 마음을 전하면서 그것을 다른 사람에게도 알리고 싶다면, 다른 사람의 주소는 참조 란에 넣어야 한다. 참조의 의미는 당신과 다른 분들에게 이것을 알려주고 싶다는 의미이다. 여러분이 독립운동을 하는 유관순이 매우 고마워 감사 인사를 이메일로 보낸다고 해보자. 다음과 같이 쓰면 유관순 열사가 어떻게 생각할까?

보낸 사람 : 무개념

받는 사람 : 안창호, 윤봉길, 이봉창, 유관순

내   용 : 독립운동 하시느라 수고가 많으세요. 응원 드립니다.

받는 유관순은 김샌다. 정확히 말하면 3/4만큼 샌다. 혼자서 받을 응원이 1/4로 나뉘었기 때문이다.

다음과 같이 써야 한다.

보낸 사람 : 유개념

받는 사람 : 유관순

참　　　조 : 안창호, 윤봉길, 이봉창,

내　　　용 : 독립운동 하시느라 수고가 많으세요. 응원 드립니다.

특히 외부 사람에게 이메일을 쓸 때는 참조 란에 다른 사람을 포함한 이유를 확실히 설명해야 오해를 막을 수 있다.

보낸 사람 : P 회사 1 프로젝트 팀장

받는 사람 : 고객사의 A 사장님, B 전무님

참　　　조 : 박 PD, 김 기사

내　　　용 : 저희 P 회사의 프로젝트를 선택해 주신 것을 진심으로 감사드립니다. 관련된 촬영의 진행으로 박 PD와 K 기사를 참조인으로 올렸습니다.
두 사람이 전무님께 직접 연락을 드리도록 하겠습니다.

반대로 참조 기능은 특정인을 공개적으로 망신시킬 수도 있다. 다음은 연간 100억 달러의 수익을 올리는 다국적 기업 EMC^{IT 솔루션을 제공하는 다국적 기업}의 중국 지사장이 실제로 겪은 사건이다. 2006년 5월 어느 날 저녁 사무실에 들어가려던 그는 문이 잠긴 것을 발견하고 비서에게 다음과 같이 이메일을 보냈다.

보낸 사람 : 지사장

받는 사람 : 지사장 비서

참　　　조 : 우리 지사 전부

내　　　용 : 당신 때문에 오늘 저녁에 사무실에 못 들어
갔어요. 내가 열쇠를 가진 줄 알았겠죠. 지금부터는 당
신이 보좌하는 모든 부장에게 확인을 받고 나서 퇴근하
도록 해요.

　보았는가? 이메일을 작성하면서 그는 이 내용을 다른 직
원들에게도 보내야겠다고 생각하고 그들을 참조 란에 올리
고 나서 '보내기' 버튼을 클릭했다. 다음은 비서가 보낸 답
장이다.

보낸 사람 : 지사장 비서

받는 사람 : 지사장

참　　　조 : 우리 지사 전부

내　　　용 : 예전에 사무실에 도둑이 들어서 문단속을 한
것뿐입니다. 제가 부하 직원이긴 하지만, 좀 더 예의를
지켜서 말씀해 주십시오. 그건 인간에 대한 가장 기본적
인 예의 아닙니까? 열쇠를 잊고 안 가져오신 건 지사장
님 잘못인데, 다른 사람 탓을 하시는 군요.

그녀 역시 중국 지사의 전 직원 이메일을 참조 란에 올려 이메일을 발송했다. 이 메일은 중국 언론으로 흘러들어가 싱가포르 사장의 행동이 전국적으로 논란을 불러 일으켰고 결국 그는 지사장직에서 물러나게 되었다.

만약에 그가 애초에 다른 사람에게 이메일을 참조로 넣지 않고 비서에게만 이메일을 보냈다면 어떻게 되었을까? 참조 란을 이용하여 비서의 자존심을 짓밟지 않았다면 그녀도 참조 란을 이용해 자신을 변호하기 위해 공개적인 망신을 주는 행동까지 불사하지는 않았을 것이다. 꼭 이렇게 이메일을 활용하면서 비방을 하거나 안 좋은 뉴스를 전달하는데 참조를 활용하고, 남이 잘 되거나 칭찬하는 것에는 인색한 사람이 주변에 있을 것이다. 인간관계를 보면 적이 많고 적음까지 알 수 있다. 자기가 원하는 것을 이루는 시간 관리 차원에서도 엄청난 손해이다. 그리고 자신의 보내기 버튼이 만든 결과라는 것을 깨닫는데 한참 시간이 걸린다.

3. 숨은 참조 활용하기

숨은 참조 자체가 은밀한 기능이므로 조직에서는 가능한 이 기능을 활용하지 않는 것이 좋다. 특히 정치적으로 활용하는 사람은 결국 비슷한 형태로 보복을 당하게 돼 있다. 하지만 비즈니스 차원에서 꼭 사용해야 한다면 다음과 같은 기능으로 활용하면 도움이 된다.

상사와 이메일을 활용하면서 친한 동료에게 숨은 참조를 활용하면 신뢰한다면 신호다. 결국 숨은 참조는 '당신에게 알려주고 싶어요. 하지만, 당신에게 이 이야기를 했다는 것을 다른 사람에게 알리고 싶지 않습니다.'라는 의미로 이해해야 정확히 활용할 수 있다.

4. 꼭 이메일을 고집할 필요는 없다

'하지만, 이런 이메일의 편의성은 곧바로 불필요한 서신 왕래를 부추겼으며 내 업무를 방해하는 수단이 되어버렸다.' 클라이브 톰슨Clive Thompson이 〈뉴욕 타임즈 매거진〉에서 지적한 것처럼, 이메일은 실제로 열어보기 전에는 읽어 볼 만한 가치가 있는지 알 수 없다. 이메일을 열어보는 데도 시간이 걸리고 주의가 필요하기 때문에 하던 일의 맥을 끊어 일의 능률을 떨어뜨릴 수 있다. 보통 이메일 때문에 업무가 중단되면 다시 그 일로 복귀하는 데 보통 30분 정도가 걸린다고 한다. 그것도 원래 하던 일로 돌아간다고 전제했을 때가 그렇고, 톰슨이 인용한 연구 결과로는 직원 중 40%는 이메일을 열어보고 나서 하던 일을 제쳐 놓은 채 전혀 다른 업무를 시작한다고 하니, 엄청난 시간낭비이자, 능률 저하인 셈이다.

또한 전화 한 통이면 해결될 일을 이메일로 할 때에는 오해를 불러일으킬 수 있다. 이메일과 달리 전화 통화는 음성으로 실시간 상호작용을 하기 때문에 분노나 비참함, 기쁨 등의 단순한 감정을 전달할 수도 있고, 섬세한 감정이나 뉘앙스를 전달할 수도 있지만, 이메일은 이런 표현에 명백한 한계가 있다.

동료에게 전화해서 실험해 보라. (상대방이 승진했다는 상상을 하고) 전혀 화나지 않은 말투로 "아~! 너 어쩜 그럴 수 있니? 정말 나 화났다."라고 말해봐라. 그리고 동료에게 정말 화가 난 것처럼 들렸느냐고 물어봐라. 아마 아니라고 할 것이다. 이제 그 동료에게 "아~! 너 그럴 수 있니? 정말 나 화났다."라고 메일을 보내보라. 그리고 그가 어떤 반응을 보이는지 비교해보면 차이점을 금방 알 수 있다. 특히 다른 사람에게 차갑거나, 호전적으로 비춰지는 사람일수록 따뜻한 이메일을 보낼 자신이 없다면 전화로 업무를 해결하는 것이 차라리 오해를 줄이는 방법이나.

오후에는 다양한 관계의 서막을 알리는 종이 울린다.
주변 사람에게 한두 번씩 의식적으로 눈을 돌리며 나의
인간관계를 점검해 보는 필수적 시간대다.

2006년 9월 어느 화창한 일요일. 아버지와 자전거로 한강
을 달릴 기회가 있었다. 사업을 하고 계시는 아버지께 여러
가지 삶의 조언들을 구했는데, 시간 관리의 측면에서 인간관
계를 물어보게 되었다. 그러자 짧은 한마디를 해주셨다.

"네 시간을 더 소중하게 관리하고 싶다면, 널 오해하게
하는 행동을 하지 마라. 네가 그럴 의도가 아니라는 것을

해명해야 하는 만큼의 시간과 에너지가 소모된다. 네가 남을 더 배려하고 숙일수록 시간은 더 네 편이 될 거야."

지금껏 자신의 성장을 위해 상대방의 감정을 대가로 삼기도 했던 필자의 모습을 되새겨보는 계기가 되었다. 필자의 이러한 경험은 실제 회사에서 상사와 부하 간에 끊임없는 투쟁의 불씨를 제공한다. 특히 자기계발에 높은 욕구를 가진 의욕적인 부하직원과 그렇지 않은 상사와의 관계에서 많이 나타난다. 상사란 말은 조직에서는 나보다 '권력'에 더 가까이 있는 사람을 함축시켜 놓은 단어이다. 그가 나보다 어느 부분이 더 못나고 잘나고, 재미있고 없고, 성품이 좋고 나쁜지의 척도가 아니다. 상사는 나보다 더 '권력'에 가까운 사람이다.

직속 상사보다 더 높은 상사와 점심을 자주 먹는다면 예외겠지만, 거의 예외 없이 직속 상사는 나보다 상사의 상사와 더 많은 접촉을 가질 것이다. 이 접촉의 빈도수가 권력의 크기이다. 따라서 상사는 자신의 뜻이 관철되지 않거나 자존심을 다치면 반드시 '권력'을 이용하여 보복하려 한다. 아니 반드시 보복한다. 어느 경우든 상사가 부하직원 때문에 자신이 지켜야 할 것(그것이 권위든, 자존심이든, 사랑이든 간에)이 지속하지 않는다면 절대로 그냥 두지 않는다.

필자는 이 부분에 대해 구본형 씨가 쓴 『Boss : 쿨한 동행』의 한 부분을 읽고 무릎을 쳤다.

대부분 상사는 부하직원과 갈등이 생겼을 때 준 것도 못 챙기는 바보가 되기보다는 불손한 부하에게 본때를 보여주는 악당이 되는 것을 택한다. 남들에게 우습게 보이길 원하는 사람은 없다. 따라서 힘을 가진 리더는 원인 제공자에게 가혹하게 응징하며 자신의 힘을 시험한다. (중략)

중요한 점은 인간의 본능적 반응 메커니즘이 분노에는 분노로, 경멸에는 경멸로, 복수에는 또 다른 복수로 반응하도록 만들어졌다는 것이다. 게다가 본능은 우리를 이끄는 가장 강력한 힘이다. 우리의 뇌는 크게 세 부분으로 나누어져 기능한다. 그 중 '대뇌피질'은 학습과 추상적 사고를 관장한다. 일곱 살이 채 되지 않은 아이는 지적인 판단을 내리기 어려운데 바로 이 부분이 충분히 발달하지 못했기 때문이다. 그러나 대뇌피질이 더 성장하면 정연한 논리력이 갖추어지고 인간은 다른 동물과 달리 수준 높은 추리력을 발휘할 수 있게 된다.

(중략) 그보다 더 강하게 우리를 지배하는 부분은 '파충류 뇌'다 본능과 생식을 관장하며 파충류의 뇌와 닮았다 하여 이렇게 불린다. 이 부분은 인류가 탄생한 이래 지금까지 거의 진화하지 않았다. 인간에게는 '올바른 이해와 추론'보다는 '기분 좋은 감정을 느끼는 것'이 더 중요하며 그보다 더 중요한 것은 '살아남으려는 본능'이다.

본능은 논리와 감정과의 싸움에서 늘 이긴다. (중략) 직장에서 상사가 생존의 위협을 느꼈다는 것은 무슨 뜻일까? 그 부하직원이 경쟁의 대상으로 비쳐졌다는 말이다. 언젠가 자신을 밟고 올라갈 경쟁자로 보이면 이제 상사는 그 사람에게 기회를 주지 않을 것이다. 그가 회사에 필요한 사람인지 아닌지는 두 번째 문제다. 상사에게 중요한 것은 부하 직원이 내 편인가 아닌가다.

자, 오늘 나의 상사를 한 번 바라봐라. 그의 대뇌피질을 이해하면 같이 회사에서 일할 수가 있다. 그리고 그의 대뇌변연계를 이해하면 같이 '공유할 것'들이 생긴다. 하지만, 그의 파충류 뇌를 이해하면 당신은 살아남을 수 있다. 살아남는다는 것은 가족에게 다음 달도 따뜻한 밥을 사 줄 수 있고 나 또한 따뜻한 밥을 먹을 수 있다는 것을 의미한다.

다행히 인간에게는 본능을 이해하는 본능이 있다. 상대방에게도 파충류 뇌가 있다는 것을 알면 더 현명하게 다음 메커니즘을 사용할 수 있다는 의미다. 가끔 그 부장이 왜 그렇게 행동을 할까라는 생각이 든다면 '아~ 그 본능'하고 무릎을 치면 된다. 경거망동한 실수나 승산 없는 싸움의 빈도가 확실히 줄어들 것이다.

실제로 필자는 어릴 때 적극적 대처를 하지 않아 시간상으로 상당한 손해를 입었다. 조직이란 외로운 곳이다. 진정한 친구를 만들라고 이야기하고 싶지는 않다. 그것은 능력의 문제다. 하지만, 적을 만드는 만큼은 손해라고 이야기하고 싶다. 이것은 선택의 문제가 아니다.

물론 반대의 경우도 있음은 상사도 분명히 염두 해야 한
다. 박재림, 안도현의 『일터문화 : 기업 최후의 경쟁력』에
보면 느릿느릿 골프 치는 임원을 싫어하게 된 박 사장의 이
야기가 나온다.

박 사장은 그 임원의 골프 치는 모습이 마음에 들지 않
았고 골프장회원권도 회수하도록 지시했다. 비즈니스를
위해 사용하도록 모든 임원에게 나눠줬던 회원권이었다.
회의석상에서도 개인적인 불호가 영향을 미쳤다. 그 임원
이 하는 말은 아무리 좋은 얘기라도 일단 신뢰하지 않았
다. (중략) 하지만 그 후로 박 사장이 보여준 지독한 불호
의 표시는 결국 그 임원을 적으로 돌아서게 만들었다. 박
사장에게 내부의 적이 많지 않았다. 하지만, 한두 명의 적
은 강했다. 박 사장이 그들을 시독히 싫어하는 만큼 그들
도 박 사장에게 강한 적개심을 품었다. 철저하게 싫어하
면 싫어할수록 미움 받는 사람도 더욱 상대하기 어려운
강적으로 커갔다. 직급이 낮으니 당장에는 어쩔 수 없지
만 언젠가는 복수하겠다고 벼르고 있었다. 그런 와중에
작은 틈새가 보이자 전세는 일거에 역전됐다.

감정이란 것이 장기적인 관점에서 일방통행 하라는 법
은 없다. 내가 나보다 직급이 낮은 상대방을 무시할 때마다
상대방은 겉으로 내색하지 않겠지만 '어디 두고 보자!'하며

조용히 칼을 갈게 된다. 그리고 기회가 왔을 때, 힘이 길러졌을 때 기다렸다는 듯이 짓밟기 시작한다.

인간관계에 적을 만든다는 것은 이래저래 피곤한 일이다. 오죽하면 셰익스피어조차도 '질투하는 여자의 악담은 미친 개의 이빨보다 더 치명적이다.'라고 했겠는가? 사람이 아닌 여자란 단어를 선택한 영국의 대 문호에게 개인적인 경험을 물어볼 수는 없지만, 아무튼 악담을 행하는 사람을 적으로 만드는 건 미친 개에게 쫓기는 것보다 피곤한 것이 사실이다.

회사 안에서 시간 관리를 위해 적을 만들지 않는 인간관계는 어떻게 해야 할까? 구체적으로 실천해 볼 수 있는 두 가지를 이야기하고자 한다.

가장 간단한 방법은 입장을 바꿔보는 것이다. 조직에서 내가 우호적으로 생각하는 한 명을 떠올려 보고 그 사람의 특징을 열거해 보자. 그리고 그 사람처럼 남에게 행동하면 되는 것이다.

아는 사람 중에 인간관계를 참 잘하는 사람이 있다. 그 사람의 특징을 보니, 가벼운 터치를 많이 하는 사람이었다. 팀장이 열 받는 것 같으면 물도 떠다 주고 "힘드시죠?"라고 이야기하거나, 외근을 나가서 변동 사항이 생기면 전화가 어렵더라도 '문자' 등의 통신수단으로 꼭 진행 상황을 보고 하는 것이다.

이해 당사자 입장에서는 자기 비위를 맞춰주고, 궁금해하기 전에 상황을 보고하니 당연히 신임이 가게 된다.

두 번째는 말을 아끼고 많이 듣는 것이다.

"여보세요."

전화기 너머에서 어린 소녀가 말했다.

"여보세요. 얘야, 아빠다! 엄마 어디 있니?"

수환이 말했다.

"엄마 지금 옆에 없고, 진수 삼촌하고 위층 방에 갔어"

짧은 침묵이 흐른 뒤,

"진수 삼촌? 너한테 진수 삼촌이 어디 있다고?"

"진수 삼촌 말이야. 지금 위에 엄마랑 같이 있다니까요."

"거 참 이상하구나, 여하튼 알았다. 그럼 지금부터 아빠 말 잘 들어라. 우선 수화기를 잠깐 내려놓는 거야. 그리고 층계를 달려 올라가 방문을 두드리고 아빠가 방금 집 앞에서 차를 댔다고 외치는 거다. 알았지?"

"알았어"

몇 분 후 소녀가 전화기로 돌아왔다.

"아빠가 하라는 대로 했어."

"그랬더니?"

"엄마는 옷도 안 입고 침대에서 뛰쳐나와 2층에서 내려오다가 계단 앞에서 굴렀어. 지금 계단 밑에 누워 있는데, 목이 비뚤어져 있어. 아무 말도 안 해."

"이걸 어쩌지? 그럼 진수 삼촌은?"

"삼촌은 옷을 하나도 안 입고 침대에서 벌떡 일어나더

니 막 흥분해서 뒤쪽 창문으로 뛰쳐나가 수영장으로 뛰어들었어. 그런데 삼촌은 아빠가 지난주에 수영장 물 뺀 줄 몰랐나 봐? 지금 수영장 바닥에 누워 있는데 꼼짝도 안 해. 삼촌도 죽었나 봐.”

한참이 흐른 후 수환이 말했다.

“수영장이라고? 애야, 너희 집 전화번호가 혹시 554-○○○○ 아니니?”

상대방의 이야기는 제대로 듣지도 않고 임의대로 판단하고서 뱉은 말이 너무 많은 실수를 불러일으킨다. 착각하는 자신은 돌아보지 않고 잘못 전달되는 말 하나가 엄청난 비극을 불러일으킬 수 있는 셈이다.

내가 하는 말이 자주 주변의 오해를 산다면 말을 아끼는 것이 적을 덜 만드는 비결이다. 차라리 자주 들어라. 술을 먹으면 비밀이 나온다는 속담이 있다. 그런데 술을 안 먹어도 남의 비밀을 이야기하는 사람이 있다. 당연히 말썽의 근원이 된다. 결국은 자신도 그 도마 위에 오르게 된다는 사실을 망각한다. 여태까지 말 잘하는 사람이 인정받았다면 앞으로는 잘 들어줄 수 있는 사람이 인정받는 시대가 올 것이다.

'주고받는 인간관계'란 훨씬 더 적극적인 시간 관리의 방법이다.

필자는 자신이 원하는 시간 관리를 위해서라도 조직 내에서 가능한 이런 관계를 구축해 놓으라고 권하고 싶다. 회사에서 보내는 시간은 공식적으로 하루 8시간이다. 하지만 출·퇴근과 야근, 회식 자리까지 포함하면 10~12시간을 조직을 위해서, 혹은 연관된 사람과 시간을 보내게 되는 것이다. 잠자는 시간을 제외한다면 75%의 삶이 회사에 있다.

만약 여러분의 재산 중 75%의 돈을 한 군데에 투자했다면 어떻게 할 것인가? 그냥 무덤덤하게 있는 듯 없는 듯 방치할 것인가 아니면 수익률을 체크하며 투자한 금액이 어떻게 변하고 있는지 신중하게 살펴볼 것인가? 조직에서 내 인간관계는 인생에 대해서 무시할 수 없는 비율을 가진 투자이다. 가정 관계를 소홀히 하면 인생이 흔들리지만, 조직 관계를 소홀히 하면 직업이 흔들릴 수 있다. 한편 타인의 정신적 지지도가 비난보다 강하다고 느끼면 어떤 고난도 이겨낼 수 있는 존재가 사람이다.

조직에서도 마찬가지다. 무엇이든 잘하리라고 다짐한다면 새로운 시도도 불사해야 한다. 갖은 불편과 귀찮음을 각오해야 한다. 이럴 때 시간을 절약하는 방법은 든든한 지지도를 확립해 놓는 것이다. 이런 지지도는 굳건하고 주체가 확실한 사람일수록 좋다.

필자에겐 가장 험난한 시기가 있었다. 조직이라는 우산을 벗어 버리고 새로운 것에 대한 도전을 하겠다고 마음먹던 때다. 가정을 이끌어야 한다는 부담감이 강했다.

꼬박꼬박 통장에 찍혔던 월급을 포기하고 자신의 실력으로만 승부해야 하는 세계에 발을 들일 때 도움을 받는다는 것이 쉽지 않았다. 모두 살기 바빠 누구에게도 진심 어린 관심을 받는다는 것이 어렵구나 느꼈을 때였다.

결국 팀이 모두 배석한 자리에서 전문 강의와 코칭으로

승부를 내겠다는 뜻을 밝히고 보직을 변경하겠다고 하자 주변 사람들이 많은 의아함과 걱정으로 웅성웅성했다. 그때 몸담고 있던 회사의 김경섭 박사님(현 한국리더십센터 회장)이 직접 사람들 앞에서 한마디 했다.

"다들 잘 봐! 이 사람 성공할 거야. 그리고 내 이 친구 성공하게 할 거야. 이 친구 잠재력을 무척 높게 보고 있어. 이 친구에 대해 뒤에서 다른 의견을 보이는 사람이 몇 있는데, 난 그렇게 생각 안 해."

물론 믿을 건 결국 나 자신밖에 없다고 생각하고 몇 십 번 프레젠테이션을 하면서 주말마다 회사에 나와 자다가 깨서도 강의를 할 수 있게 트레이닝을 하고 책을 읽었다. 그리고 그때마다 주말에 나오는 회장님이 그런 나를 보았음은 물론이다.

어떻게 이렇게 토씨 하나 안 틀리고 다시 썼냐면, 그 당시 그 이야기를 듣다가 뭉클한 나머지 잊지 말자고 플래너에 적어 놓은 구절이기 때문이다. 사람마다 도움을 받는 인간관계가 있지만 이 정도의 신뢰를 받게 되면 다른 자잘한 부정적인 피드백은 쉽게 극복할 수 있게 된다.

그러면 어떻게 이런 인간관계를 구축할 것인가? 대상에 따라 세 가지 접근 방법이 있다.

상사는 여러분에게 끊임없이 무엇인가를 지시하고 감독하고 확인할 것이다. 그것이 존재 이유니까. 일단 상사가 요청을 하면 '네'라고 대답할 수 있어야 한다. 다시 한 번 강조하겠다. 상사가 업무 요청을 하면 무슨 일이든 웃으며 "알았습니다."라고 대답해야 한다.

"저요? 지금 하는 일도 바쁜데…" 라고 말하면 안 된다. 여러분이 원치 않은 일이라고 해서 거절한다면, 나중에 정말 원하는 일이 돌아올 확률은 극히 낮아진다. 특히 이해관계가 있는 팀장의 요청이라면 절대적이다.

조직에서 제1 고객은 직속 상사이다. 바깥의 고객이 진짜가 아니냐고 따져 물을 수도 있지만, 그건 신문이나 팸플릿에서만 나오는(특히 주주 총회) 이야기이다. '파충류 뇌'에서도 말했다시피, 상사란 '멍청하다, 똑똑하다'라는 의미가 아니고, 지금 나보다 더 '권력'에 가까이 있다는 의미임을 상기하라.

어떤 경우엔 자신이 너무 똑똑하고, 상사는 정말 멍청하다는 판단 하에 손에 잡은 일이 세상만사보다 중요하다고 생각할 수는 있다. 그러나 그런 상황이라 할지라도 팀장이 B란 업무 요청을 하면 다음과 같이 물어봐라.

"팀장님, 지금 제가 A란 업무를 하고 있는데요.(물론 팀장은 이 일을 하고 있는 것을 알고 있어야 한다. 회사에서 상관은 여러분이 하고 있는 일을 이미 알고 있어야 한다. 그래야 여러분의 존재 가치가 더욱 빛나게 된다. 밤에 박쥐가면을 쓰고 혼자 배트카를 모든 주인공 브루스 웨인조차도 그의 절친한 집사 알 프레드와 공유하는 것이 있음을 명심해라.) 지금 맡겨주신 B 업무를 하게 되면 A 업무는 언제까지 제출하면 될까요? 마감 시한은 O월 O일까지라고 하셨습니다."

이렇게 의견을 구하라. 이제 공은 상사에게 넘어갔다. 상사는 자신이 시킨 A 업무와 B 업무의 경중을 따져보게 된다. 그 경중은 역시 상사도 자신의 상사가 중요하다고 생각하는 정도이다. 상사는 두 가지 중 하나의 결정을 내리게 된다. A 업무를 계속 진행시켜 먼저 끝내라고 하든가, 치고 들어온 B 업무를 새롭게 시작하고 A 업무를 뒤로 좀 미루라고 한다. 그대로 하면 된다. 아주 간단하지 않은가?

이 대화는 중요한 의미를 내포하고 있다. 즉 상사는 여러분이 게으르다는 인상을 받지 않았고, 상사가 중요하게 생각하는 일이 무엇인지도 알았다. 또한 상사는 자신에게 정중히 의견을 구함으로써 결정권을 가진 사람의 체면도 살릴 수 있게 되었다.

가장 결정적인 것은 동시에 두 가지 일을 떠안지 않게 된 것이다. 이 작은 기적들이 간단한 커뮤니케이션을 통해서 이뤄졌다.

직속 상사는 아니라 하더라도, 이해관계가 밀접한 부서의 상사가 업무 요청을 하는 경우가 있다. 도와주면 포인트를 획득할 좋은 기회지만, 도무지 시간을 낼 수 없을 만큼 바쁘다면 정중히 대답해라.

"정말 해 드리고 싶지만, 마감 시한에 쫓겨서 지금은 도저히 시간이 나지 않습니다." 그리고 플래너를 펴고 언제쯤 시간을 낼 수 있는 지 확인해서 이렇게 물어라. "다음 주 월요일 오후 3시쯤 시간이 될 것 같은데 어떠세요?" 물론 그 사람과의 일 또한 직속 상사와 공유하고 있어야함은 물론이다.

2. 동료에게

동료의 성공을 경쟁보다 우선하라. 살벌한 조직 안에서 이것이 얼마나 어려운 일인지는 안다. 그러나 패러다임을 바꾸면 의외로 간단한 원리나.

경쟁을 하지 말라는 이야기가 아니다. 서로 에너지를 소모하는 경쟁도 있지만, 대부분의 경쟁은 좋은 편에 속한다. 경쟁이 없으면 긴장이 떨어지기 때문이다. 그래서 어떤 조직은 일부러 경쟁을 부추기기도 한다. 상대 평가란 말에는 '저 사람보다'라는 의미가 숨어 있다.

하지만 타인과의 경쟁이 우선하면 '비교'가 바늘에 실

처럼 따라온다. 행복의 시작은 셀프요, 불행의 시작은 비교다. 끊임없이 동료와 비교하는 사람은 자신의 행복을 타인의 불행과 엮어서 걸어 놓은 셈이니, 삶을 전쟁에, 일을 전투에 비유하기 마련이다. 존 맥스웰의 『360도 리더』에서 나오는 이야기처럼, 수평 리더십이 부족한 사람이다.

그런데 비교형 인간이 궁극적으로 조직에서 성공할까? 피라미드 구조를 보면 그렇지 않다는 것을 금방 알 수 있다. 조직의 피라미드 구조는 올라갈수록 올라갈 사람은 적어진다는 특징을 갖는다. 사원보다 대리가 적고, 대리보다 과장이 적다. 올라갈수록 위에 있는 사람이 줄어들기 때문에 같이 있는 사람의 힘이 커지게 된다.

누구를 남길 것인가? A는 내가 힘들 때 발 벗고 도와줬던 사람이다. 능력은 중긴 징도 되지만 나보다 위로 올라간다면 나를 해할 것 같지 않다는 믿음이 든다. 하지만, B는 능력은 출중하나 동료를 험담하고, 은근히 뒤에서 비난하기를 주저하지 않았던 사람이다. 올라가면 동기들에 대한 압력은 불을 보듯 뻔해진다.

여러분 같으면 누구를 밀어주고, 누구를 밀어버리겠는가? 외국에서 한창 유행하던 무인도 서바이벌 게임 프로그램을 보면 답이 나온다. 얼마 동안 모두 고생을 한다. 모랫바닥에서 불 피우고, 사냥하고, 물 구하고, 잠자리 만들고, 힘겨운 일정 기간이 지나면 주기적으로 서로 투표를 한다.

누구를 남길 것이냐가 아니라 누구를 떨어뜨릴 것이냐는 투표인데, 먼저 떨어지는 사람의 공통점은 바로 '동료에게 도움을 주지 않고 혼자 살아남으려는' 사람이다. 경쟁보다 동료의 생존을 우선시했던 사람이 제일 마지막에 남는 것을 보면 상당히 의미심장하다.

필자가 처음으로 이쪽 업계에 들어왔을 때, 두 부류가 있었다. 밀어버리려는 부류와 알게 모르게 손을 내미는 부류, 필자는 살아남았고, 어느 정도의 기반을 구축한 후에 누구에게 보은하기 시작했을까? 당연히 도움을 주었던 부류부터 다시 도와주었다. 금액으로 쳐 처음에 100만 원 정도의 도움을 받았다면 다시 10배 정도의 도움을 주려고 노력하니, 결국 사람을 도와주는 것이 가장 큰 이문이 남는 사업이다.

3. 부하에게

기회가 있을 때마다 주위 사람을 칭찬하고 격려하라. 『시간의 마스터』란 책을 지은 한홍 목사의 글에 이런 내용이 있다.

나와 절친한 재미교포 기업인 팀 하스 사장은 1995년 미국의 '올해의 엔지니어 상'을 수상했고, 주차 건물 설계에

있어서는 미국에서 열 손가락 안에 꼽히는 전문가이다. 그
가 경영하는 설계 회사는 미 동부지역 초고속 성장 중소기
업들 중의 대표적 실례로 소개될 정도이다. 어릴 때 미국
으로 이민 갔던 그는 백인 일색의 학교에서 유일한 동양인
이었고 영어 성적도 간신이 C 정도밖에 받지 못했던 극히
평범한 학생이었다고 한다. 게다가 내성적인 성격 때문에
친구도 사귀지 못하고 영어도 못했다. 그러나 그의 인생에
서 터닝포인트가 된 것은 고등학교 졸업반 시절의 영어 시
간이었다고 한다.

어느 날 영어 선생님에게 한 학생이 "선생님, 우리 중에
장차 누가 제일 성공할 것 같습니까?"라고 질문했다는 것
이다. 영어 선생님이 그 질문을 받고 학생들을 죽 둘러보
기 시작하자 하스 씨는 너무나 평범하던 자기 모습이 한심
해서 아무런 기대 없이 구석에서 고개를 푹 숙이고 있었다
고 한다. 그런데 놀랍세도 선생님이 하스 씨를 가리키며
"바로 저 친구가 제일 성공할 것 같군" 했다는 것이다. 뜻
밖의 말에 급우들 전부가 놀랐고 무엇보다 당사자인 하스
씨 자신도 심장이 멎는 것 같았다고 한다. 그때부터 그의
자아관이 바뀌고 인생이 완전히 달라졌다고 한다.

칭찬은 아무리 많이 해줘도 부족하지 않다. 매슬로우의
5단계 욕구에서도 상위에 드는 욕구가 바로 '인정받는 욕
구'다. 오죽하면 『칭찬은 고래도 춤추게 한다』라는 책이 있
지 않겠는가.

내가 하루에 얼마나 부하 직원을 칭찬할까에 대해 잘 모

르겠거든, 구체적인 실천 방법이 있다. 동전 다섯 개를 매일 준비하라. 그리고 오른쪽 주머니에다가 동전을 넣어라. 칭찬을 할 때마다 동전을 왼쪽 주머니로 옮기는 것이다. 그리고 그날이 끝나면 왼쪽 주머니에 동전이 몇 개나 들어갔는지 센다. 하루에 다섯 번도 칭찬하지 않는 자신을 보며 대부분 처음에 깜짝 놀라게 될 것이다. 하지만 동전을 보며 꾸준히 목표를 세우다 보면 자연스럽게 상대방의 장점을 발견하려고 노력하는 자신을 만나게 된다.

필자는 칭찬을 입에 무의식적으로 달고 다니는 분을 안다. 예전에 청소년 리더십 센터 쪽에서 강의를 할 때 모셨던 하창호 교수님이란 분인데 이분의 주특기가 늘 똑같은 질문을 하는 것이었다. "정곡(그 회사에서 사용한 내 호이다.)~ 내가 뭐 도와줄 것 없나?" 다른 팀에 있을 때도 항상 긍정적인 면을 보고 칭찬을 아끼지 않는 분이었는데, 같은 팀에서 일을 해보니 습관이었던 것이다.

과장 정도 되면 웬만한 일은 알아서 한다. 정말 어렵고 내 손을 떠난 일만 힘을 빌리게 되므로 실제 도와달라고 할 일이 자주 생기는 것은 아니다. 하지만 평소 관심을 표현한다는 것 자체가 감사의 감정을 쌓아두게 한다.

나 역시 이런 분의 행동을 통해서 어린 친구들에게서 장점을 보게 되고 대부분의 이야기는 칭찬으로 채워지곤 한다. 언젠가부터 항상 "대단하네? 그렇게 젊을 적에 나는 그렇게 못 했는데, 정말 능력 있군~!" 하는 말을 달고 다니게 됐다. 그리곤 "뭐 내가 도와줄 것 있나? 있으면 이야기 해!"라고 물어본다. 다 배우는 것이다.

물론 상대방의 발전을 위해 충고를 해줘야 하는 때도 있지만, 신뢰가 쌓여 있지 않으면 오히려 역효과만 가져올 뿐이다. 상대방에게 충고할 땐 내가 원해서 하는지, 상대방이 받을 준비가 되었다고 판단될 만큼 신뢰가 쌓여서 하는 것인지, 냉철히 가슴에 손을 얹고 생각해 볼 일이다. 농구계에서 가드끼리 통하는 명언이 있는데, 좋은 패스란 내가 끝장나게 무게 잡고 잘 던지는 공이 아니라, 상대방이 손쉽게 받을 수 있는 공이라고 한다.

상대방이 진심으로 잘 되기를 바라는 것이 신뢰의 기초다. 리더십 분야의 베스트셀러인 『성공하는 사람들의 7가지 습관』의 저자 스티븐 코비는 『성공하는 사람들의 8번째 습관』이라는 명저를 냈다. 좋은 내용들로 꽉 차 있는 이 책의 핵심 주제는 간단하다. 바로 성공하는 리더는 자신 안에 있는 소리를 찾고, 나아가서 다른 사람 안에 있는 내면의 소리(잠재력, 열정)를 찾아서 발휘해 주는 사람이라는 것이다. 어떤가? 여러분은 성공할 준비가 된 리더인가?

나는 당신에게 성공을 위한 확실한 공식은 알려줄 수 없다.
하지만, 실패를 위한 공식은 말해 줄 수 있다. 그건 언제나
모든 사람을 기쁘게 하려고 노력하는 것이다.

하버드 바야드 스워프 미국의 편집자이자 언론인, 최초의 퓰리처 상 수상자

지금 내가 하고 싶은 일이 방해되는 상상을 해봐라.

브라이언 트레이시의 『잠들어 있는 시간을 깨워라』
라는 책에서는 7개의 시간 낭비 요소를 다음과 같이 나누고
있다.

'갑자기 불쑥 걸려오는 전화, 예기치 못한 방문객, 회의, 긴급 상황, 연기, 사교 활동과 잡담, 우유부단함과 미룸'

하지만 필자는 브라이언 트레이시에게 가장 중요한 한 가지를 빼먹었다고 이야기해주고 싶다. 가장 큰 시간 낭비 요소는 위의 낭비 요소를 허락하는 바로 자기 자신이다. 누가 전화를 받는가? 누가 방문객을 맞이하는가? 누가 회의에 참석하는가? 누가 긴급 상황을 만들고, 누가 연기를 하는가? 누가 사교 활동에 참가하고 잡담하며 우유부단하게 미루는가? 바로 자신이다.

근육을 키우는 힘이 조금씩 운동을 하면서 나오는 것처럼, 시간을 확보하는 것은 '거절'하면서 나온다. 그야말로 착한 아이 증후군에서 벗어나야지만 진정한 내가 될 수 있다. 착한 아이 증후군에 대해서 뉴욕의 정신 분석과 의사인 웨인버그의 책에 그 탄생 배경을 이렇게 설명한다.

첫째 아이로 태어난 이레네는 온가족의 귀여움을 독차지하는 공주님이었다. 특히 아버지의 사랑을 듬뿍 받았다. 그런데 이레네가 5살이 되었을 때 남동생이 태어났고 이제 가족들은 이레네에게 예전만큼 관심을 가져주지 않았다. 이레네는 부모의 애정이 남동생에게 옮겨가는 것을 보고 놀라며 당황했다. 상처를 받은 그녀는 어떻게든 아버지의 관심을 되돌리려고 여러 가지 행동을 했다.

맨 먼저 떼를 쓴다. 그러나 아버지의 반응은 냉담했다. 이번에는 여리고 병약한 아이처럼 행동한다. 잠시 효과가 있었지만 한 때 뿐이었다. 다지 작전을 바꾸어 아버지의 말을 잘 듣고 일을 돕는 착한 아이가 되어 보았다. 그러자 아버지가 미소를 지어주는 게 아닌가.

이렇게 이레네는 착한 아이로 성장하게 되었다.

아이들은 다른 행동을 시도하면서 어떻게 하면 자신이 원하는 것을 손에 넣을 수 있을지 방법을 찾는다. 위의 경우 이레네가 원하는 것은 아버지에게 인정받는 것이었고, 그 방법은 착한 아이가 되는 것이었다. 문제는 자녀가 착한 아이일 때만 부모가 긍정적인 반응을 준다는 것이다. 아이가 자신의 본심을 숨기고 부모가 원하는 아이 상을 연기할 게 뻔하기 때문이다.

이렇게 어릴 때 형성된 습관은 성인이 돼서도 그대로 유지된다. 남에게 도움이 되었을 때만 칭찬을 받으면 칭찬받지 못할 때의 자신은 의미가 없다고 여긴다. 그래서 항상 남을 기쁘게 하는 행동만 선택해 인정받으려 노력하게 된다. 주위의 관심을 잃는 것만큼 두려운 일이 없다고 느끼기 때문이다. 왜 '싫어!'라고 말하지 못하는지 알겠는가?

지금부터 아주 조금씩 자신의 영역을 넓혀라. '이건 좀 곤란한 것 같습니다.', '조금 있다가 봐 드려도 될까요?', '매우 중요한 일인데, 제가 지금 시간이 필요합니다.' 어떤 식으로든 자신이 중요하다고 생각하는 것을 표현해라.

이기적으로 변했다고 이야기하는 사람의 말을 들을 때는 『착한 아이 증후군』을 쓴 자녀교육과 심리학의 전문가인 와세다 대학의 교수 가토 다이조의 말을 기억하라.

자기계발에 충실한 사람은, 남의 비위를 맞추기 위해 자신의 욕망을 포기하지 않는다. 그런 점에서 보면 매우 이기적이다. 그러나 그 욕망이라는 것은, 정서적으로 유치한 사람이 갖는 자기중심적인 욕망과는 다르다. 예컨대 저 녀석이 꼴 보기 싫다든가, 앙갚음을 하고 싶다든가 따위의 신경증적인 욕구와는 다른 것이다. 그야말로 순수한 열망에 기초한 능동적인 바람이다.

자기의 성장을 위해 노력하는 사람을 이기적이라고 이야기하는 사람이 상대방에 대해 얼마나 유치한 질투의 감정을 지니고 있는지 거꾸로 이해해라.

『예언자』를 쓴 칼리 지브란이 연인 하스켈에게 보낸 편지에 다음과 같은 문장이 있다.

'당신이 무엇이 되든 나는 당신에게 실망하지 않겠다.'

필자는 한 술 더 떠 '당신이 무엇이 되든 간에 당신을 지

지하겠다.' 그러니 남의 욕망에 포로가 되기 전에 먼저 자기
자신의 욕망에 충실한 사람이 되어라.

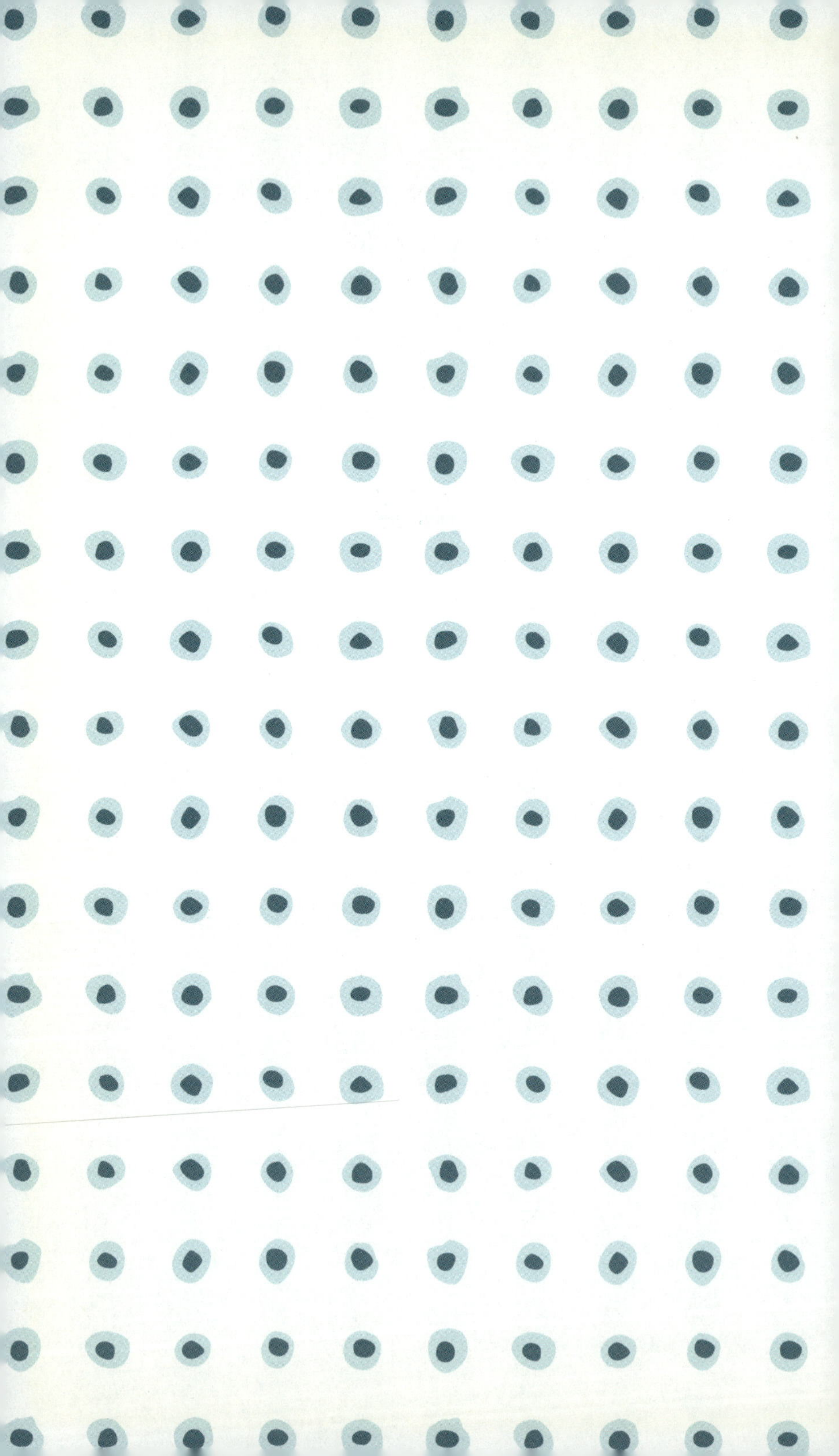

Part 2

내일 일과에 가속도를
붙이는 퇴근 후 오후 관리

퇴근이다.

해는 저문다. 시침과 분침이 한 발짝이라도 더 가기 전에 무엇을 하면 좋을까? 필자는 단언컨대 강점을 강화하라고 이야기해주고 싶다. 강점 Strength Point 은 무엇인가? 그것은 바로 여러분이 다른 사람보다 잘할 수 있는 능력이다. 타고난 창이며 방패다.

"난 사실 여러분들과 전혀 다르지 않습니다."

세상에서 가장 부유한 사람 중 한 명인 워렌 버핏^{Warren} ^{Buffett}이 네브래스카 대학에서 강연을 시작할 때 학생들은 믿지 못하겠다는 눈치였다.

"어쩌면 나는 여러분들보다 돈이 더 많을 수 있지만, 그것은 여러분과 나의 진정한 차이가 되지 못합니다. 물론 나는 비싼 최고급 양복을 살 수 있지만, 제가 입으면 싸구려처럼 보입니다. 게다가 내 입맛에는 100달러짜리 고급 음식보다 패스트푸드점의 치즈버거가 더 맞습니다."

학생들은 여전히 믿지 못하겠다는 눈치였다. 워렌 버핏은 말을 이어갔다.

"사실 여러분과 나 사이에 차이가 있다면 단지 나는 매일 아침 일어나서 하고 싶은 일을 할 수 있는 기회를 가진다는 사실입니다. 매일 매일 말이죠. 이 말이 내가 여러분에게 해 줄 수 있는 최선의 충고입니다."

마커스 버킹엄의 『위대한 나의 발견 강점 혁명』에 나온 구절이다.

우리는 탁월한 결과를 만들어 내는 사람을 알고 있다. 하지만, 그들의 직업을 바꾸었다 하더라도 그런 결과를 만들어 냈을까? 오마하의 현인이라고 불리는 워렌 버핏은 버크셔 헤더웨이의 회장이자, 현존하는 최고의 갑부이다. 하지만 그에게 댄스 경연 대회에서 우승하라고 했으면 어땠을까? 필자는 오마하에서 열리는 버크셔 헤더웨이의 총회를 동영상으로 본 적이 있고, 잠깐 그의 춤을 구경한 적이 있다. 결론부터 말하자면 그가 낙천적이고 긍정적인 인물이지만,(그리고 춤추는 것을 좋아하는 듯 보였지만) 춤 실력은 우승권이 아니라는 것이다.

타이거 우즈는 현존하는 최고의 골프 승부사다. 메이저 대회에서 그의 현재 우승 확률은 50%다. 이 말도 안 되는 수치를 어떻게 설명해야 할까를 접어두고서 그에게 컴퓨터와 계산기를 가져다주며 최고의 투자자가 되라고 했으면 그는 워렌 버핏의 반열에 들었을까?

간단한 사례를 들었다시피, 워렌 버핏은 숫자를 읽고 분석하는 데 탁월함이 있었고 타이거 우즈는 신체적 능력을 활용하는 데 더 뛰어났던 것이다. 물론 승부사의 기질은 비슷하겠지만, 이토록 활용하는 포인트는 다를 수밖에 없다. 핵심은 자신이 잘하는 것을 해야 빠르게 성장한다는 결론이다.

이것은 여러분이 영어 학원을 열심히 다닌다거나, PMP로 학습 동영상을 보면서 출퇴근하는 것보다 훨씬 더 중요한 이야기다. 물론 자신이 치명적으로 문제가 되는 단점은 그냥 평균 수준으로까지는 보완해야 한다.

하지만 못 하는 것을 잘하려고 하는 것은 좋아하는 것을 잘하려는 것보다 훨씬 위험 부담이 크다. 국가 인증 고시 시험 전략으로 비유하자면 대부분의 1차 필기시험 합격 선이 평균 60점 만점에 과락 40점인데, 무슨 뜻이냐? 모든 과목은 40점을 넘어야 하지만, 모든 과목이 다 60점 이상일 필요는 없다는 의미다.

사법고시 학원인 '이토학원'의 원장이기도 한 이토 마코토가 지은 『이기적인 시간술』에 이런 내용이 나온다.

예를 들어 사법고사의 선택 시험에서는 60문제를 3시간 반 안에 풀어야 한다. (중략) 사실 시험에 합격하는 사람은 60문제를 다 풀 수 있는 사람이 아니다. 모든 문제의 답을 푸는 완벽한 사람이란 본디부터 존재하지 않는다. '이 문제를 푸는 데 시간이 어느 정도 걸리는지'를 단시간에 판단할 수 있는 사람이 합격한다. '자신이 잘하는 것'과 '못 하는 것'을 확실하게 파악하는 사람이 안정적으로 합격하는 것이다.

이토의 혁신적인 공부법을 도입한 학원은 사법고시 단기 합격자 배출 수 전국 1위라는 자리에 오른다. 일도 마찬가지다. 자신이 잘하는 것과 못 하는 것을 파악하는 것은 인생이라는 시험지 위에 동일한 시간이 주어졌을 때 얼마나 문제를 잘 풀게 되느냐의 전략과도 같다.

같은 노력도 어디에 포인트를 두느냐에 따라 달라진다. 알겠지만, 40점에서 60점을 맞는 것은 60점에서 80점을 맞는 것보다 쉽다. 학교 다닐 때도 중위권에서 20명 정도 치고 올라가 상위권에 진입하는 노력이나 상위권에서 5명 정도 치고 올라가는 노력이나 거의 비슷하다는 점을 떠올려 보면 이해가 쉬울 것이다.

전략이 필요한 시점이다. 그래서 필자는 과감히 주문한다. 정말 못하는 것이지만 꼭 필요하다면 과락만 넘기고 나머지는 모두 자신의 강점에 집중하라고.

그렇다면 '내가 무엇을 잘하나? 나의 강점은 무엇인가?'에 대한 고민을 해야 한다. 사실 이 부분이 필자도 어려웠다. 학창시절 고민이 '도대체 뭐하며 살지?'였다. 흥분을 주는 것이 별로 없었다. 농구가 재미있긴 했지만, 프로선수 정도의 실력은 애당초 아니었고, 이런 얕은 고민은 쭉 이어져 대학교 생활까지 갔다.

중간에 IT 기술로 창업하며 2년간 흥분되는 삶을 보냈는데 그때 확실히 느낀 것 하나는 '나는 내 삶을 스스로 이끌고 싶어 하는' 사람이란 사실이었다. 그 후 조직 생활을 하고 회사를 다니면서 4년간을 고민하며 길을 더 찾아 다녔다. 결국 수많은 시행착오를 거쳐 내 갈 길을 찾았고, 이후 찾았다고 생각한 지금도 더 잘 할 수 있는 것이 무엇인지 계속 관찰하고 있다. 사랑이 변하는 것처럼 사람도 끊임없이 변하니까 말이다.

가장 좋은 방법은 자신의 삶을 주의 깊게 관찰하는 것이다. 하루 5분 정도도 자신의 삶에 관심조차 없는 사람이 있다. 자신에 관한 정보라면 자신이 제일 잘 알고 있지 않은가?

만약 '나는 무얼 잘 할까?'에 대한 질문에 답이 떠오르지 않는다면, 간단한 몇 가지 방법을 시도해 볼 수 있다.

첫 번째, 진단을 받는 것이다. 성향 검사도 있고, 적성 검사도 있고, 직무 능력 검사도 있으며 아주 복합적인 검사도 있다. 당연한 이야기이겠지만 복합적인 검사가 훨씬 비싸다. 여러 가지 검사를 해 보면 자신을 파악하게 되고, 몰랐던 시각도 생긴다. 필자가 직무와 관련된 특징을 찾아내는 데는 HA^{Harrison Assessment}라는 진단 툴이 유용했고, 강점을 찾는 데는 강점 혁명 책에 들어 있는 스트렝스 파인더 ^{Strengths Finder} ID 코드를 활용한 것이 좋았다. (HA는 한국리더십 센터라는 교육회사에서 제공하는 진단 툴이다. 개인이 받을 경우에는 가치만큼의 비용이 들어가니, 해보려고 한다면 꼼꼼하게 자신에 대해서 생각해 보고 시작하는 것이 좋다. 안 그러면 돈이 아까울 것이다. 스트렝스 파인더는 책을 사면 그 책 안에 검사를 해 볼 수 있는 진단 코드가 들어 있다. 책값에 포함되어 있다고 생각하면 된다. 참고로 둘 다 한국어가 지원된다.)

참고로 필자의 사례를 소개하자면, 나의 강점 테마 중에 〈초점〉과 〈최상주의자〉라는 코드가 있다. 〈초점〉테마가 강한 경우에는 – 의사 진행이 확실하지 않은 회의를 지루해 할 것이다. 따라서 이 사람이 회의에 참석할 예정이라면 의사일정을 철저하게 준수하라 – 라는 구절이 있다. 나에게 딱 맞는 말이다. 그래서 회의 시간을 미리 정해 놓지 않거나, 정했음에도 불구하고 엉뚱한 이야기로 새는 것을 무척이나 싫어한다. 해야 할 일을 분명히 인지하는 〈초점〉이 강하기 때문이다. 이런 결과물을 읽으면서 다시 나를 바라볼 수 있는 계기가 됐다.

그리고 〈최상주의자〉 코드에는 – 이 사람은 다른 사람이 자신의 강점을 인정하고 그것을 높게 평가해 주길 바란다. 당신이 이 사람의 약점을 지적하고 그것을 바로잡아 주려고만 한다면 좌절하게 될 것이다 –라고 나와 있다.

또 – 이 사람이 현재 자신의 직무에서 제1인자가 되기 위해서 계속해서 노력하도록 내버려 두어라. 이 사람은 강점을 발휘할 수 있는 업무를 계속하기를 바란다. 수입이 더 늘어난다고 해서 자신이 가장 잘 할 수 있는 업무에서 손을 떼고 싶어 하지 않는다 –라고도 쓰여 있다. 읽으면서 '기가 막히게 맞는군.'이라며 맞장구를 쳤다.

실제로 나는 자신이 잘하는 것을 더 잘하길 바란다. 비록 수입이 적어도 일단 스스로 하겠다고 마음먹은 것은 어떤 식으로든 책임을 완수하려고 한다. 이게 바로 내 테마인 것이다. 그런데 조직의 상사들 중에 개개인의 유형을 알고 활용하도록 노력하는 사람이 얼마나 있을까? 아니, 자신도 잘 모르는데, 조직의 이해관계자가 알아서 이해해 주겠지하는 우리 기대가 너무 큰 바람이 아닐까?

　두 번째, 피드백이다. 먼저 그룹을 나눈다. 가족, 친척, 친구들, 몸담고 있는 조직. 이렇게 가능한 몇 개의 그룹을 만든다. 그리고 각 그룹마다 최소한 3명 정도에게 전화를 건다. 5그룹이면 15명에게 전화를 걸어보는 것이다. 짧게 두 가지 질문만 해 본다. "잘 지냈어? OO아. 다름이 아니고, 내가 다면평가 차원에서 조사해야 하는 것이 있는데, 내가 잘한다고 생각하는 것 3가지와, 개선하면 좋을 점 1가지만 말해줄래?"라고 요청한다. 그리고 그것을 적어본다. 놀랄 정도로 비슷한 피드백이 나올 것이다. 그 피드백을 통해서 남에게 보이고 싶은 내 모습과 거꾸로 보여지는 모습을 비교해 본다. 스스로 '뭐 이게 잘하는 걸까'라고 생각한다 하더라도 주변 사람은 다르게 볼 수 있다. 그들도 자기만의 데이터를 비교하고 이야기하는 것이니 잘한다고 생각하는 것이 중복해서 나오면 진지하게 고민해 봐도 좋다.

　세 번째, 자신이 금방 배울 수 있는 것이다. 언어 능력이 탁월한 사람이 있다. 활자에 대한 이해가 좋고 활용도 쉬운 부류다. 반면에 음악적 소양이 상대적으로 뛰어난 사람이 있다. 똑같이 드럼을 쳐도 남들이 6개월 걸리는 코스를 뼈를 깎는 노력을 기울인 것도 아닌데, 한두 달 만에 마스터하는 것이다. 물론 어느 경지에 올라가게 되면 또 그 분야의 전문가들끼리 경쟁해야 하기 때문에 더 큰 노력이 필요하다. 하지만, 강점이 있다면 노력하는 시간이 상대적으로 덜 고통스러운 것이 사실이다.

참고로 필자는 숫자와 정리에 대한 타고난 '약점'이 있다. 잘 해보려고 노력하지만, 언제나 고통스러운 결과로 돌아온다. 그래서 이 세상을 살아가는데 물건을 사고 거스름돈을 받을 수 있을 정도의 능력만 머리에 담고 나머지는 자료로 활용만 한다.

대신에 필자는 자신과 타인의 삶에 대해서 생각하는 것을 좋아하고, 그것을 말과 글로 풀어내는 걸 즐긴다. 실제 강의에 들어가면 대상에 따라, 나이에 따라 비유와 사례를 다르게 들어가며 이해시키는 데 어려움이 없다. 그래서 책을 좋아한다. 정리하자면 어떤 사람에게 고통스럽다고 생각되는 행동이 다른 이에게는 즐거움이 될 수 있고, 어떤 이의 약점이 다른 사람에게 강점이 될 수도 있다는 '다양성'에 너그러울 수밖에 없다. 그리고 이 '누구나 잘 하는 것이 따로 있다.'라는 다양성을 인정하는 것은 실제 조직에서 조직원들과 함께 일 할 때 탁월한 결과를 내는 밑거름이 된다.

염구가 공자에게 물었다.
"의로운 일을 들으면 바로 실천해야 합니까?"
공자가 대답했다.

"실천해야 한다."

그 후에 자로가 또 같은 질문을 하였다.

"의로운 일을 들으면 즉시 실천해야 합니까?"

공자가 대답했다.

"아버지와 형이 있는데 어찌 들은 것을 바로 실천하겠는가?"

자화가 물었다.

"어찌 같은 질문에 대하여 달리 대답하십니까?"

"염구는 머뭇거리는 성격이므로 앞으로 나아가게 해 준 것이다. 자로는 지나치게 용감하므로 제지한 것이다."

공자는 탁월한 사상가이자, 제자들의 개인적 특성을 파악하고 지도해 준 코칭의 대가이기도 한 셈이다. 그가 다양성을 인정하지 않고 자신의 철학에만 맞춰서 제자들을 지도했다면 후일 제자들이 어떻게 공자의 사상을 정리하여 세상에 펼칠 수 있었겠는가?

필자가 사람을 대할 때 두고두고 기억하는 말이 있다. 『부자아빠, 가난한 아빠』의 저자 로버트 기요사키가 한 말인데 바로 '채식주의자에게 정육점을 맡기지 마라.'는 구절이다. 여러분이 채식주의자면 정육점 일을 맡지 마라. 여러분도, 정육점 주인도 모두 고통의 시간일 뿐이다.

필자는 썩 훌륭하지 못한 경제학도로 학교를 졸업했다. 척척 함수와 통계를 내고 리포트를 제출하는 친구들을 보면 부럽기까지 했다. 그러나 경제학도로서 꼭 필요한 것 4가지는 인상 깊게 배우고 나왔는데, 그 중 하나가 '파레토 법칙'이다.

경제학자 파레토는 이 세상의 생산성을 관찰한 후 아주 유명한 법칙을 발견했는데 그것이 바로 8:2로 표시되는 파레토 법칙이다. 사회적 관점에서 보자면 80%의 결과를 내는 것이 20%의 원인이라는 의미다. 은행 잔고의 80%는 20%의 우량 고객 돈이며, 서점에서 전체 20%의 책이 매출의 80%를 차지한다.

이런 단순하면서 강력한 공식을 보면 써 먹고 싶은 욕망이 불끈 생긴다. 필자의 경우를 분석해 보았다. 실제 읽는 전체 책의 20%가 강의에 80% 사용되며, 강의하는 다양한 프로그램 중 20%가 수입의 80%를 차지하고 있다. 어떻게 적용해 볼까? 못하는 일 80%를 더 잘하려고 해봤자, 겨우 20%의 향상만 있을 뿐이다.

필자의 경우에는 그래서 80%의 수입을 차지하는 20%의 프로그램에 집중하고, 더 잘하려고 시간을 투자했다. 나머지 80%에 대한 프로그램은 잘하면 좋지만 못해도 심각한

타격은 아니다. 아까도 말했듯이 아무리 수입의 변동이 커도 20%밖에 차이가 나지 않기 때문이다.

결과는 달콤한 열매로 돌아오다. 파레토 법칙은 시간 관리에서는 '강점 발견과 선택, 그리고 집중'이라는 멋진 키워드로 대체된다.

이와 '란체스터 전략'이라는 것이 있다. 승수효과로도 유명한 이 전략은 '열세군 절대 불리의 원칙'을 기업의 마케팅 전략에 응용한 것이다.

공식은 이렇다. A군대와 B군대가 싸운다. 전투기를 각각 A군대는 50대, B군대는 40대를 보유하고 있고 동시에 출격했다. 싸움이 끝났다. 어느 군대의 전투기 몇 대가 남겠는가? 아마 대부분 A군 전투기(50대) – B군 전투기(40대) = A군 전투기(10대)라고 대답할 것이다. 그렇지만 현실은 그렇지 않다. A군에게 남는 전투력은 $\sqrt{(A^2-B^2)}$이라는 것이다. 즉 B군이 전멸한 다음에 남은 A군의 전부기 수는 $\sqrt{(A^2-B^2)} = \sqrt{(50^2-40^2)}=30$이다. 놀랍지 않은가? 10대 0이 아니라 30대 0이라는 것이다.

이 엄청난 결과를 어떻게 설명할까? 바로 선택과 집중이다. 능력이 출중하다고 생각드는 아주 소수의 분야에 에너지를 집중시켜서 출격해라. 다양한 능력은 있지만, 뭐 한가지 제대로 할 줄 모르는 상대방 전투기를 격추시킬 수 있다. 이와 비슷한 전략을 우리 조상들은 예전부터

이미 터득하고 있었으니, '열 재주 가진 놈이 저녁거리 간
데 없다.'가 딱 이 말 되겠다.

퇴근 후부터 잠자리까지 시간 관리가 한 방향으로 정리되지 못한 채 허탈하게 끝나는 경우가 많다고 사람들이 이야기한다.

회사에서는 내게 주어진 일 몇 개를 처리하기 위해 집중하지만, 퇴근 후 시간은 처리해야 할 자질구레한 일들로 꽉 차 있기 때문이다. 밀린 일, 친구 관리, 자기계발, 취미, 동호회까지…….

하지만 자질구레한 일이란 없다. 자질구레하게 여기는 생각만 있을 뿐이다. 자잘한 일이라 생각하면 하찮게 여기게 된다. 당연히 쓰는 시간도 하찮아진다. 그런데 시간이란 여러분의 인생이 아닌가? 아무리 작은 조각이라도 하찮은 인생, 하찮은 순간은 없다.

그래서 필자는 인공호흡이라는 표현을 쓰고 싶다. 아직 숨이 꼴딱 넘어간 것은 아니다. 여러분의 관심이 짧게 느껴지는 순간도 빛나게 살릴 수 있다.

필자는 여훈의 『최고의 순간』이라는 책에서 작은 시간 조각 속에 숨겨진 강력한 힘을 발견했다.

장소를 보아하니, 업무 처리를 하는 곳이다. 은행 같기도 하고, 공공 기관 같기도 하다.

일 처리를 하려고 사람들이 줄을 서 있다. 모든 사람이 지루하게 줄을 지킨다. 표정도 지루해 보이고, 그렇다고 서 있는 동안 딱히 할 일도 없다. 하지만 그 와중에 눈에 띄는 푸른색 셔츠의 남자가 있다. 막간을 이용해서 다리를 봉 위에 올리고 스트레칭을 한다.

이번 그림은 어떤가? 둘째를 임신한 몸으로도 첫째와 함께 시간도 보내고, 자신의 몸도 단련할 수 있다. 이것이 순간순간을 사랑하는 자세이다. 이 그림을 보면서 '꼴값들 하는 군'이라고 생각이 든다면 둘 중 하나다. 순간순간을 인공호흡하며 누적된 힘을 경험해 본 적이 없거나, 그냥 '왜 꼭 튀려고 해? 대충 살다 가지'라는 생각을 했거나다.

시간은 대통령도 거지도 모두 똑같이 나눠 가졌는데, 왜 결과는 천차만별이란 말인가? 남들처럼 살면 결국 남들만큼만 이룬다. 나답세 살려면 내 시간은 직접 챙겨야 한다.

필자가 학창시절 읽던 책 중에 러시아 격투기 대가가 쓴 실전서가 있다. 그 책은 치한의 공격에 대비해서 잡힌 팔을 풀기 위해 새끼손가락을 단련하라고 조언한다. 새끼손가락은 지렛대 역할을 한다. 잘 모르겠다면, 한 쪽 새끼손가락을 묶고 아령을 들어보면 알 수 있다. 격투기의 대가는 평상시 지하철을 타고 다니면서 새끼손가락만으로 안전 바를 잡는 연습을 권했다.

필자가 직접 실험을 했는데, 처음에는 얼얼하여 제대로 잡지도 못하다가, 몇 개월이 지나자 새끼손가락만 걸고도 매달릴 수 있는 경지에 오르게 되었다. 당시 학교에선 팔씨름 대회가 유행이었다. 전교에서 가장 힘센 아이와 팔씨름에선 졌지만, 새끼손가락을 걸고 겨뤄보니 상대방이 아파하며 못 견뎌 하는 것이었다. 사소한 사건이었지만, 어차피 꾸벅꾸벅 졸기나 하는 등·하교 길의 위대한 발견이었다.

지금도 흘러가는 이 시간이 아깝다고 생각한 적 없는가? '남은 5분 동안 뭘 하겠어?'라고 하지 마라. 남은 5분 동안 할 수 있는 일을 하면 된다.

『5분의 발견』이라는 책을 쓴 노무라 마사키라는 사람은 대학에서 '문장 작법'을 강의하며 '5분 동안 할 수 있는 일을 생각나는 대로 적으시오'라는 과제를 주었다. 제한 시간 30분. 결과는 어땠을까? 아무리 적게 쓴 사람도 50가지를 썼으며 많이 쓴 사람은 150가지를 적었다고 한다. (1분에 3개씩 찾아낸 것이다. 인간의 두뇌여 만세!)

다음은 그 몇 가지 사례이다.

- 콘택트렌즈 끼우기

- 자외선차단제 바르기

- 고양이 먹이주기

- 밤하늘의 별보기

- 냉동음식 해동하기

- 매니큐어 말리기

- 양배추 한 개 얇게 썰기

- 욕조 청소

- 파출소에 들어가 길 묻기

- 전화로 피자 주문하기

- 머리를 하나로 묶기

- 계산대 바에 서서 가락국수 먹기

- 삔 관절의 응급치료

- 앞에 가는 부부관계 추측하기

- 목욕 후의 맥주 한 잔

- 옥상의 빨래 널기

- 셔츠 다리기

- 단체 사진 찍기

- 연상게임하기

- 가벼운 세차

- 구두 닦기

- 전구 갈아 끼우기

- 아버지의 처진 어깨를 보며 눈시울 붉히기

- 컴퓨터 소프트웨어 설치하기

- 팔굽혀펴기 50회

- 떨어진 셔츠 단추달기

- 한눈에 반하기

어떤가? 살펴보면 별게 아닌데, 전부 살면서 필요한 것들이다. 5분 동안 뭘 하냐고? 여러분에게 필요한 무언가가 주변에서 맴도는 게 보이지 않는가? 아니면 이 노무라 마사키라는 저자처럼 5분 동안 할 수 있는 것들을 모아 책을 펴낼 수도 있다. (자질구레한 시간은 위대하다!)

성공일지란 보도 섀퍼의 『돈』이라는 책에서 가져온 실천 방법이다.

보도 섀퍼는 『12살에 부자가 된 기라』리는 책으로도 유명한 세계적인 베스트셀러 작가다. 『돈』의 부제로 '경제가 어려울수록 꼭 필요한 자기경영'인데, 꼭 맞는 내용이라고 생각한다.

보도 섀퍼는 '부자가 되는 것은 기적이 아니다.'란 내용에서 다음과 같은 4종 경기를 제시한다.

제1경기 : 책 읽기

제2경기 : 자신만의 성공일지 쓰기

제3경기 : 세미나 참석하기

제4경기 : 모범 찾기

　　필자가 강조하고 싶은 것이 바로 제2경기다. 이것은 퇴근 후 저녁에 매일 할 수 있는 아주 유용한 방법이다. 저자는 그날그날 올린 성과를 하나도 빠짐없이 기록하라고 조언한다. 약속을 잘 지켰거나, 업무를 성공적으로 완수했거나, 다른 사람을 기쁘게 해서 받은 칭찬과 감사를 모두 기록하라고 말이다. 반드시 자신에게 좋은 내용들, 자신감을 채워주는 내용들로 기록되어야 한다는 점을 기억하라. 자신감은 성공과 직결되어 있다.

　　필자도 처음 이 내용을 보고 성공일지를 만들게 되었다.

처음에는 보도 섀퍼가 권유하는 내용을 그대로 쓰다가 결국 성공일지의 목적이 '하루하루 소중한 개인의 승리'를 가져다 준 일들을 확인하는 작업임을 알고, 내게 맞게 조금씩 변경했다. 나중에는 건강의 차원에서 4가지 승리(신체적, 사회적, 정신적, 영적)를 어떻게 이루었나? / 오늘 감사할 일 혹은 배운 것 5가지 / 누구를 도와주었나? / 이렇게만 구분해서 자유롭게 기술했다. 내용은 긍정적인 것과 배운 것들, 그리고 형식은 자유롭게 기술하면 된다.

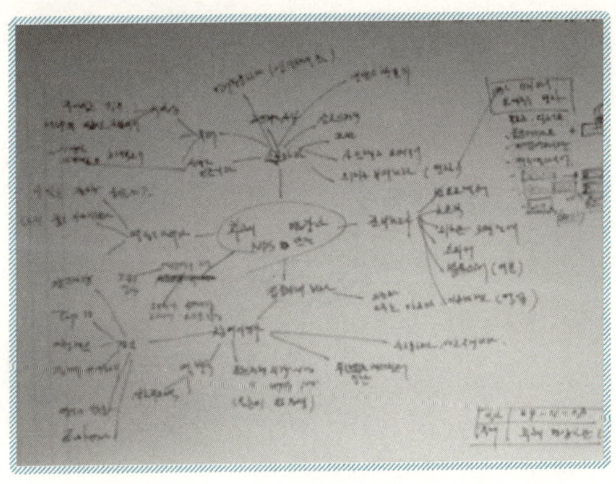

〈성공일지 안에 필자가 마인드맵으로 정리한 일부 내용〉

이렇게 만들어가다 보니, 개인의 이메일함도 영향을 끼쳤다. 평상시 꽤 많은 분들이 내가 강의한 내용이나 보내준 글로 감사하다는 답신 메일을 보내온다. 그런 메일들을 '감사의 편지함' 이라는 메뉴를 만들어 따로 저장해서 모아둔다. 그리고 기운이 떨어질 때마다 다시 꺼내 읽는 것이다. '아, 내가 이렇게 도움을 줄 수 있는 사람이구나'라는 생각이 들 때마다 기운과 사명감이 불끈 샘솟는다. 이제는 내가 모아놓는 메일 중에 가장 소중한 공간이 되었다.

일기를 매일 쓰고 있는 사람이라면 충분히 자아를 다시 돌아볼 기회를 가지겠지만, 만약 일기를 쓰지 않던 사람이라면 '성공일지'를 작성해 볼 것을 권한다. 일주일, 한 달이 쌓이면 틀림없이 자신의 삶에 유용한 자료가 된다.

자각몽Lucid Dream이란 렘수면 중 의식 상태일 때 활동하는 전진두엽이 활성화되는 특수한 수면 상태를 말한다.

뇌 과학 측면에서 잠자는 8시간조차도 생산적인 활동으로 연결시킬 수 있다는 첨단 두뇌 활용법인 것이다.

조금 빗나간 이야기지만 김용이 지은 『영웅문』이라는 무협지에서 신조협려의 남자주인공 양과는 소용녀라는 스승(후에 연인이 된다)과 함께 내공을 익힐 때 옥으로 만든 돌 침상에서 자게 된다. 침상이 너무 추워 양과가 불평을 늘어놓자 소용녀가 설명하는 침상의 내력이 재미있다. 보통 낮에 연마한 내공의 열에 아홉은 다음날 다 사라지게 되는데, 한옥 침상의 냉기를 이기려고 무의식중에 전신의 공력을 사용하므로 내공이나 공력이 더욱 증가된다고 해명한다. 시간 관리에 관심이 많은 필자는 읽으면서 무척이나 부러웠다. '이 얼마나 효과적인 방법인가? 자면서도 수련의 결과가 늘다니!'

그렇다면 무협지에서만 수면의 시간을 활용할 수 있을까? 중원을 벗어난 현실에서 자각몽은 상당한 구체성을 띠고 연구 중인 학문이다.

스티븐 라버지가 지은 『루시드 드림』에서 두 종류의 잠을 소개한다.

하나는 에너지를 보존하는 상태의 안면QS : Quiet Sleep 이다. 이것은 성장, 회복, 육체의 이원, 뇌의 비활성 등과 관련이 있다. 다른 하나는 활동성 수면, 역설수면PS : Paradoxical Sleep 또는 렘REM : Rapid Eye Movement 수면 등의 여러 가지 용어로 불리는 수면으로, 이 상태에서는 안구가 빠르게 움직이고, 근육이 씰룩거리며, 육체가 무기력해지고, 뇌는 고도로 활성화되며, 꿈을 꾼다. 생생한 꿈을 꿀 수 있는 최적의 조건이 마련된 상태이다. 뇌의 스위치가 켜져 있기 때문이다.

이런 잠은 어떻게 활용될 수 있을까? 러시아의 화학자 드미트리 멘델레예프Dmitri Mendeleev는 각각의 원자량에 따라서 원소들을 분류하는 방법을 발견하려고 오랜 세월 노력했지만, 끝내 그 방법을 찾지 못했다. 그러던 1869년의 어느 날 밤. 이 화학자가 오랜 시간 이 문제를 씨름하다가 잠에 곯아떨어졌다.

그날 밤 그는 꿈속에서 '모든 원소들이 각기 자기가 있어야 할 적당한 자리를 잡고 있는 표를 보았다.' 잠에서 깨자마자 그는 곧바로 꿈에서 본 그 표를 종이에다 옮겨 적었다. 놀랍게도, 그의 표현을 빌리자면, '그 표 가운데서 잘못된 것은 딱 하나밖에 없었던' 것이다. 이렇게 해서 근대 화학에서 가장 중요한 공적으로 꼽히는 '원소주기율표'가 탄생했다.

우리가 잘 안 풀리는 문제를 골똘히 생각하다가 잠이 들었는데 아침에 샤워를 하다가 번쩍 아이디어가 떠올랐다면, 잠을 자면서 그 문제에 대해 뇌가 밤새 정리해주었다고 보면 된다.

루시드 드림을 획득하는 데는 세 가지 본질적인 요소가 필요하다. 첫째로 적절한 동기가 있을 것. 둘째로 효과적인 여러 기술들을 정확한 방식으로 연습할 것. 마지막 셋째로 꿈을 기억해 내는 것이다. 꿈을 기억하는 능력을 높이기 위해서 잠자리에 들 때 스스로에게 자기가 꿈을 꿀 때 완전히 깨어 있고 싶으며, 또 그 꿈을 기억하고 싶다고 각성시킨다.

필자는 실제 이런 방법을 통해서 초기에 강의 능력을 많이 향상시켰다. 바로 강의 전날 잠자리에 들면서 어떻게 강의를 진행할 것인지 구체적으로 상상하면서 잠자리에 드는 것이다. 명강의를 하는 사람을 나로 대치하고 그 분위기를 생생하게 느끼면서 잠자리에 든다.

그러면 아침에 자는 건지 깬 건지 모를 선잠의 상태에서 그 내용이 연결이 되면서 서서히 의식이 든다. 이미 아침에 일어났을 때는 그날 강의를 이미 한 번 진행한 후였다. 청중을 쳐다보는 방법부터 걸어 나가는 동작, 그리고 첫 마디의 오프닝 멘트까지 이미 연습을 마치고 침대에서 일어나는 것이다.

아직 많은 사람들이 시도한 적 없는 영역이지만, 영감을 중요시하는 예술가나 사업가가 잠에서 깨자마자 메모를 할 수 있도록 필기도구를 곁에 두고 자는 것이나, 자기 전에 잊어버리기 쉬운 내용을 한 번 쪽 훑어보고 잠자리에 드는 것은 자각몽을 활용하는 사례라고 볼 수 있다.

이슬람교 신비주의자인 수피 중 저명한 스승인 이드리스 샤흐는 '인간이 저지르는 가장 근본적인 실수'가 무엇이냐는 질문에 '자기가 삶의 대기실에서 잠들어 있으면서도 살아 있다고 생각하는 것'이라고 이야기했다고 한다. 우리가 깨어 있다고 생각하는 삶에 자신 없다면, 자각몽이 가치가 없다고 이야기 할 것은 아니다. 숨을 쉰다고 깨어 있는

것은 아니다. 숨을 쉰다는 것은 아직 땅 속에 묻힐 때가 아
니라는 것 뿐이다. 우리의 정신과 영혼이 깨어 있을 수 있
다면 꿈속이든, 삶 속이든 그 시간은 가치를 깨우는 연장선
이 된다.

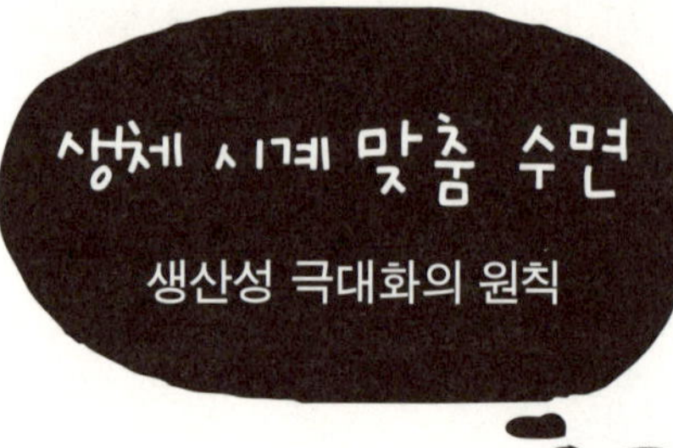

피를 토하며 강조한다. 여러분이 아침형 인간이냐 저녁형 인간이냐는 중요하지 않다. 중요한 것은 내가 그 신체 주기에 맞춰 내 삶을 유지하는가이다. 아침에 특별한 노력을 하지 않아도 일어나는 종달새 유형은 10%가 채 되지 않는다. 잠자리에 드는 것도 마찬가지다. 내가 아침에 일어났을 때 상쾌한 리듬을 찾을 수 있게 개인마다 규칙적인 패턴을 만드는 것이 중요하다.

여기에는 멜라토닌melatonin이라는 호르몬을 이해하면 도움이 된다. 멜라토닌은 인간에게 밤을 가르쳐 주는 역할을 한다. 즉 멜라토닌은 '시간을 알려주는 호르몬'인 셈이다. 아침형이든 저녁형이든, 멜라토닌이 분비되는 것은 어두울 때이다. 멜라토닌은 잠이 들도록 재촉하는 한편, 야행성 생물에게는 활동 준비를 하도록 지시한다.

인간이 가장 잠들기 쉬운 때는 멜라토닌의 분비가 자연적으로 시작하는 오후 9시 이후, 2~3시간 정도이다. 멜라토닌의 분비는 새벽 2시경 최고조에 달하고, 눈 뜨는 시각 전에 완전히 멈추도록 설계되어 있다. 당연히 겨울처럼 밤이 긴 시간에는 장시간에 걸쳐 분비되며, 여름 같이 밤이 짧은 시기에는 단시간으로 변한다. 따라서 저녁형이란 말은 받아들일 만하지만, 야행성이란 말은 수만 년 동안 적응해온 인간에게는 아직 어울리지 않은 말이다.

인간은 낮 동안에 여러 가지 기능을 가장 잘 수행할 수 있도록 설계되어 있다. 어둠 속에서 더 잘 볼 수 있는가? 외부에서 들어오는 정보의 85%를 시각이 처리한다고 하니, 밤에는 그 기능의 수행이 당연히 어려울 수밖에 없다. 우리의 근본적인 활동시간은 밤이 아니다.

제대로 된 수면을 취하기 위해서는 각자의 수면 시간대와 양을 확보해야 한다. 아직도 몰랐다면 찾아야 한다. 특히 개개인마다 필요한 수면 양의 확보는 중요하다.

펜실베이니아 대학의 데이비드 딘지즈는 매일 2~3시간씩 수면 시간을 줄여 1주간 실험해 본 결과, 기분이나 작업 능률에 큰 영향을 끼친다는 사실을 입증했다. 평균 7.5시간을 자는 남녀 16명을 모집 1주 동안 수면 시간을 5시간으로 줄여보았다. 주의력, 계산 능력, 집중력이 모두 저하됐을 뿐 아니라 회복하는데 이틀 동안 계속 8시간의 수면을 필요로 했다는 결과다.

또 시카고 대학에서는 젊고 건강한 11명의 남성으로 보름 동안 위와 같은 실험을 했다. 처음 3일간은 8시간, 다음 6일간은 4시간, 마지막 6일은 12시간으로 늘렸다. 그 결과, 수면시간이 짧아지며 인슐린을 만들어 내는 능력, 신체를 움직이는데 필요한 글로코스를 만들어 내는 능력이 1/3정도로 낮아졌다. 쉽게 말하면 당뇨병 초기 증상이 나타난 것이다.

특히 정밀한 작업을 해야 하거나, 위험한 작업에 종사하는 사람은 수면 양의 확보가 필수적이다. '난 그런 일 안하니까 괜찮아'라고 생각하는 사람은 '운전'을 떠올려보라. 생체 리듬이 떨어진 상태에서의 졸음운전은 음주운전과 그 파괴력이 똑같다. 무작위로 선발된 운전자 설문 가운데 50%는 졸음운전을 한 경험이 있다고 하니 말 그대로, 바깥에서 굴러다니는 차 중에 술에 취한 차처럼 낮에 잠에 취해 굴러다니는 차가 언제 어디서 튀어나올지 모르는 일이다.

예전에 모 박사님의 하루 평균 4시간을 자고 성공했다

는 이야기에 자극을 받은 청중 한 명이 자신도 그렇게 따라 했다가 졸음운전으로 큰 교통사고를 낼 뻔 했다는 이야기를 들은 적이 있다. 성공도 좋지만, 자기 자신의 수면 시간도 모른 채 그냥 무작정 남 한다고 따라하다가 먼저 황천길로 갈 수 있다.

운전사가 졸음운전을 할 확률은, 생체 시계의 각성도가 최저가 되는 오전 6시경이 각성도가 가장 높은 오전 10시와 비교할 때 20배 이상 높다.

결국 지금 내가 잠자는 시간이 6시간인데 수면에 필요한 시간이 7시간이라는 판단이 들면 1시간을 확보해야 한다. 이것이 효율을 높이는 비결이다. 필자 또한 글을 쓸 때 종종 이런 상황을 겪는다. 계속 생각을 하면서 글을 만들어 내는데, 능률이 떨어지면 아무리 눈을 비비고 억지로 2~3시간을 앉아 있어도 진도가 나가지 않는다. 나온 글도 썩 만족스럽지 않다. 그러면 차라리 푹 잔다.

적절한 휴식은 뇌가 다음날 최상의 컨디션을 작동시키도록 명령한다. 전날 2~3시간 동안 안 풀리던 글이 30분만에 술술 풀린다. 휴식도 충분히 취하고 생산성도 더 높일 수 있는데, 굳이 물리적인 시간만 채웠다고 해서 결과가 높아지는 것은 아니다.

쾌적한 수면은 어떻게 가능한가?

자신이 필요한 수면 시간을 확보할 때, 자신이 수면이

부족하다고 생각하는 사람은 잠자는 시간을 조금씩 일찍 당긴다. 매일 같은 행동을 하는 것으로 정신적으로 잠들 준비를 한다.

필자의 경우에 가벼운 책을 읽거나 플래너를 보고 그날의 일정을 마감하거나 성공일지를 쓴다. 또 침실 환경은 잠자는 공간이라는 것을 확실히 인식하고 만든다. 침대에서 TV를 본다든지, 책을 읽는다든지, 전화 통화 같은 활동은 가급적 하지 않는다. 침실은 어둡게 하거나 눈가리개를 한다. 뇌는 어둠을 맞닥뜨리면 잠에 들 시간이라는 것을 안다.

잠자리는 조용하게 한다. 조용함도 뇌가 수면 신호로 받아들인다. 침실은 서늘하게 한다. 서늘한 온도는 체온의 저하를 촉진시켜 편안한 수면을 강화한다. 반대로 자는 동안 계속 따뜻하면 오히려 숙면에 방해가 된다. 전기장판을 켜 놓으면 잠을 설치게 될 가능성이 높아진다. 무더운 여름이나, 찜질방에서 쉽사리 잠에 들기가 어려운 것이 이를 뒷받침한다. 단, 발은 따뜻하게 한다. 발이 추우면 몸의 자동 온도 조절장치가 체온의 저하를 늦추기 때문이다. 커피나 담배 등의 카페인이나 니코틴 등 신경에 자극을 주는 제품은 숙면을 방해한다.

가끔씩 머릿속의 양 세는 것이 도움이 되지 않느냐고 물어보는 사람도 있는데, 무엇인가를 집중한다는 것 자체가 숙면에 방해가 된다는 애리조나 대학의 연구 결과가 나왔다. 오히려 가벼운 요가나 명상 등으로 생각을 비우는 작업이 도움이 될 것이다.

자각몽과 연관하여 버클리 대학에서 강의를 하는 티베트 승려인 타르탕 툴쿠는 잠드는 방법 중 하나를 소개했다.

잠들기 전에 육체를 최대한 이완시킨 다음에 자기 목구멍에 아름다운 연꽃이 있으며, 이 연꽃 한 가운데는 붉은 오렌지색 불꽃이 타오른다고 상상한다. 그리고 이 불꽃의 불빛에 집중하면서 의식적으로 잠이 든다.

::: **특수한 상황의 수면법**

1. 장거리 출장의 경우

필자는 특별한 경우가 아니고서는 장거리 출장을 갈 경우 개인 차량보다 대중교통을 선호하는 편이다. 밤에는 조금 시간이 걸리더라도 갈아타지 않는 것이 좋다. 특히 심야 교통을 이용할 때 생체 리듬에 방해 받지 않고자 꼭 준비하는 것이 귀마개와 눈가리개다. 예전에 이런 것이 없을 때는 심야 버스를 탈 때 무척 곤혹스러웠다. 아무리 심야라도 고속도로는 불이 켜져 있을뿐더러 반대편에서 오는 차량의 빛이 계속 자극하기 때문이다. 게다가 시끄럽게 통화하는 사람이 있다든지, 다른 사람의 아이가 칭얼거리면 신경이 쓰일 수밖에 없다. 귀마개나 눈가리개 모두 1만 원도 안 되는 비용으로 구할 수 있지만, 위력은 정말 대단하다. 버스를 타고 출발을 하면 바로 귀마개를 하고 눈가리개를 한다. 예전에는 다른 소리를 듣는 것이 불편해 좋아하는 음악을 틀고 이어폰을 끼웠는데, 이 역시 귀마개보다는 뇌를 자극하여 충분한 휴식을 취하는 데는 귀마개보다 못했다. 필자는 이 두 개의 도구를 이용한 덕분에 심야로 이동을 해도 이전보다 크게 피곤함을 느끼지 않고 다음 일정을 준비하게 되었다.

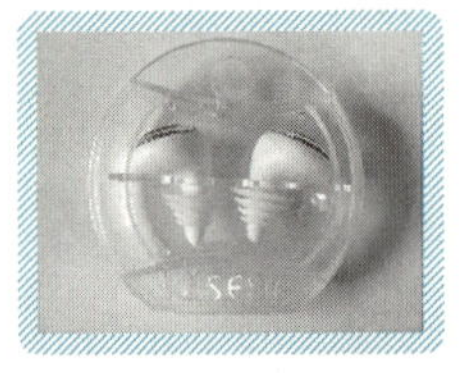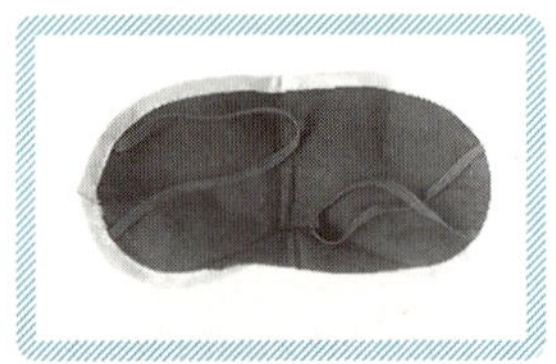

〈필자가 즐겨 사용하는 귀마개와 눈가리개〉

2. 교대 근무자의 경우

주간-야근-심야 근무 등 1주일 단위로 교대 근무하는 직장인들이 있다. 밤 공연이 있는 배우나, 새벽 방송 진행자, 엔지니어, 국제 펀드 매니저 등 직종은 다양하다. 효율성을 추구하고 지구촌이 하나로 묶이면서 생긴 직업들이다. 하지만, 24시간 체제의 근무 여건은 생체 리듬을 자꾸만 바꿔줘야 한다. 시차가 존재하는 국가로 여행을 하는 것이나 마찬가지이기 때문이다.

일반적인 근무보다 보수가 많고, 평일에 쉴 수 있는 등 여러 혜택이 존재하는 것은 사실이나 만성 수면부족상태, 위장질병, 부상위험도가 높아질 수 있으므로 올바른 작업 능률 향상과 시간 관리를 위해서 경영자와 근무자는 다음을 주의해야 한다.

① 경영자의 실천 포인트

1) 휴식 시간을 늘리거나 낮잠을 잘 수 있는 공간을 만들어 준다.

   (일본에서는 9시간 교대로 일하는 간호사의 경우 근무시간이

   끝날 무렵 1시간의 수면 시간을 제공한다.)

2) 영양 상태를 점검하고 식사 질을 개선한다.

3) 기분 전환에 도움이 되는 기기를 설치한다.

4) 생활 전반에 대한 이해를 높이고 적용 가능한 교육을 실시해 준다.

② 교대 근무자의 실천 포인트

1) 잠들 수 있는 환경을 밤과 똑같이 조성한다. 낮에 잔다고 해도 방을 어둡게 하고, 전화벨이나 현관 벨소리를 차단한다. 가족에게 협조를 구한다. 낮에 잠을 잘 때는 오전 9시~오후 3시에 잠자리에 든다. 잠들기 전 커피, 물을 마시거나 담배를 피우는 행위를 금한다.

2) 하지만 근무 전 적당한 카페인 섭취(커피)는 업무 시 졸음을 방지하는 효과가 있다.

3) 낮잠을 잔다. 아직 회사에 그런 시설이 없다면 통근 시에 잠깐이라도 눈을 붙여 둔다.

4) 흥미 있는 일 등을 중간중간 배치한다. 가능한 반복적인 작업은 먼저 끝내고, 흥미 있는 일은 뒤에 한다.

똑같은 시간을 일해도 어떻게 신체 주기를 이해하고 관리하느냐에 따라 능률은 큰 차이를 보인다. 예전 모 카드 광고의 카피를 본 적이 있는데, 이제는 이렇게 바꿔야 하지 않을까?

'열심히 일한 당신이여.(운전대 잡고) 떠나기 전에 잠부터 푹 주무시라'고 말이다.

퇴근 시간은 보통 몇 시인가?

다시 정곡을 건드리는 질문. 작년 1년 동안 정말 필요하다고 생각해서 한 야근은 며칠인가? 혹은 몇 시간인가? 정말 필요하다는 기준은 안 해도 좋고, 하면 더 좋고의 기준이 아닌, 내일 오전까지 안 하면 그 달, 혹은 그 해에 심각한 결과(퇴직까지도)를 초래하는 척도이다. 한 번 곰곰이 생각해 보자

생산성이 낮은 조직은 야근하는 문화를 보면 알 수 있다. 한마디로 '뭉그적대는' 문화이다. 이런 문화가 만연된

곳에서는 얼마나 많은 일을 했느냐가 중요하지 않고, 얼마나 오래 앉아 있느냐가 일순위다. 당연히 효율이 높을 리 없다.

이런 문화에서는 6시가 끝나는 시간이라면 이미 5시 30분부터는 집중도가 떨어진다. 어차피 밥 먹고 와서 해도 되는 일이고 30분 만에 못 끝낼 것 같다고 생각이 들면 몰입될 리 없다. 그럼 6시부터 밥 먹고 7시부터 바로 몰입이 될까? 그렇지 않다. '어차피 야근할 건데…'라는 생각에 인터넷 서핑을 하고 잡담을 하고 이것저것 개인 볼일로 뭉그적거리다가 8시, 9시가 된다. 결국 6시 30분까지 몰입하면 될 일을 저녁 9시 30분에 끝내는 것이다. 집에 가면 10시에서 10시 30분이 된다. 이제 무엇을 해보려고 해도 하루는 다 지나간 것 같고, 다음날을 위해서 다시 잠을 자야 하는 시간이 가까워졌다. 억울하다. 몸은 피곤하고 마음은 무겁다. 괜히 원치도 않는 조직에 충성, 기여한 것 같고, 자기 볼일은 볼일대로 못 봐서 억울하다.

필자가 봤던 충격적인 장면 중에 으뜸은 2000년대 초반에 야근해야 한다고 말한 뒤 단체로 회사 인터넷을 이용해 게임에 몰입(?)하던 사람들이었다. 물론 스트레스 차원에서, 혹은 단합 차원에서 한두 번 그럴 수는 있겠지만, 감독자가 사라진 후라는 핑계를 대고, 자신의 스트레스는 풀고 거꾸로 집에는 스트레스를 주며 시간을 보낸다면 그것이

옳은 시간 관리인지는 한번 생각해 볼 문제다.

게다가 엄밀히 경영자 차원에서 말하면 그것조차도 감가상각에 아까운 지출일 수 있다. 회사 자원을(PC 소모, 전기 소모, 네트워크의 부하만큼 다른 업무처리가 늦어지는 비용 소모) 개인이 유용하는 것이니 말이다. '뭐 그까짓 것 가지고 쩨쩨하게'라고 생각한다면 애당초 자기사업하기는 그른 사람일지도 모른다.

경영자란 마른 수건도 다시 짤 줄 아는 사람이다. 그렇게 효율성을 추구했기 때문에 이 각박하고 치열한 세상에서 경쟁력을 유지하면서 생존한 것이다. 자기 경영도 마찬가지다. '에이, 뭐 이때쯤이야'라고 방심하는 것은 습관이 되고 그 습관은 만성적 누수가 되어 어느 날 자기 스스로를 옥죄게 한다. 단 하나도 이루지 못했을 때 누구 탓을 할 것인가?

야근을 해야 한다면 '정말 제대로 해보자'는 각오로 일관되게 해야 한다. 시간을 정해 놓고 밥 안 먹더라도 이 일을 마치겠다는 신념으로 집중해 본다. 밥 때를 놓친다고 푸념할 수도 있겠지만, 내가 배고프지 않은데, 꼭 남이 밥 먹겠다는 시간에 먹을 이유가 어디 있는가? 그리고 밥도 안 먹고 일한다는 것은 거꾸로 상대방에게 그만큼 강한 '충격'을 준다. '밥도 안 먹으면서 일 할 정도라니, 정말 열심히 일하는군. 어떻게든 챙겨줘야겠다.'라는 마음을 먹게 한다.

한국의 야근 문화는 일을 끝마쳐도 먼저 일어나면 찍히는(?) 특수한 조직 문화가 큰 몫을 차지한다. 문화가 '개인의 생산성'보다는 '개인적 희생'에 대해 보상하는 경향이 있어서다. 이런 야근을 어쩔 수 없이 해야 한다면, 자신이 중요하다고 생각했던 공부나 업무에 간접적으로 도움을 주지만 시간 내에 눈치가 보여 못했던 일들을 하나씩 처리하면 된다. 즉, 꼭 집에 가서 처리해야 하는 업무가 아니라면 회사에서 처리하는 것이다. E-러닝 과정도 있고, 관련된 분야의 서적 탐독도 있다. 아니면 아이디어 스케치든지, 업무와 관련된 동영상 감상도 좋은 방편이다. 늦게 갔다고 손해라는 생각을 할 필요는 없다. 퇴근을 해서도 중요한 일을 하지 않는다면 여기서 죽치나 밖에서 죽치나 별로 달라질 것은 없다.

물론 사전에 이런 눈치 보는 '불상사'를 막기 위해서는 시스템의 노력이 뒷받침되어야 한다. 조직의 상사와 책임자에게 이런 권한이 있다. 조직원에게 '몰입'의 생산성과 함께 '효율성'을 증가시키는 고민에 대해 끊임없이 연구하고 시도해 보아야 할 것이다. (물론 ILO가 조사한 미국 대비 68%의 한국인의 생산성 수치마저도 1980년 28% 수준에 비해서는 기록적으로 증가한 수치란다. 대한민국 파이팅~!)

건강을 잃으면 학식은 무가치하고 기술은 부끄럽고 체력
은 사라지고, 재산은 무용지물이고 웅변은 무기력해진다.

헤로필루스

**필자가 퇴근 후 시간 관리에 대해서 힘주어 말하면
모두가 해야 한다는 데 공감한다.**

바쁘다는 것도 회사에서의 변명이다. 일단 퇴근한 사람
을 매번 돌아오라고 하는 조직은 이제 많지 않다. 자기만의
자유시간이 확보된 것이다. 하지만, 대부분 자기계발을 지

속하지 못하는 것이 현실이다. 그래서 물어본다. "왜?" 그러면 돌아오는 대답의 90%는 이거다.

"피곤하니깐." (광고 문구의 위력은 실로 대단하다)

여기서 '아 그렇구나, 그럼 안 되겠네?' 이건 곤란하다. 문제점을 알았으면 개선하면 될 일이다. 답은 간단하다. 안 피곤하면 된다.

필자가 운동을 권하는 이유도 단 한가지다. 건강하고 적극적인 시간 관리를 위해서 체력은 선택이 아닌 필수이기 때문이다. 건강은 부자들에게는 축복이고, 가난한 사람에게는 재산이라고 했다. 그 어느 쪽에도 빠질 수 없는 요소다.

행복의 기초가 건강이라면 건강의 기초는 바로 운동이다. 그런데 대부분 건강할 때 운동을 하느냐? 그렇지 않다. 특별히 문제가 없다고 착각하기 때문이다. 그리고 실제 문제가 생겼을 때는 운동을 못한다. 비극의 악순환인 셈이다. 건강의 수준을 '자신이 필요한 일을 할 만큼의 체력이 되는 것'이라고 본다면, 지금 자신이 필요한 일을 해야 하는데 그것을 할 만큼의 의욕과 체력이 안 된다면 건강하지 않은 것이다.

둘 중 하나를 선택해야 한다. 욕심을 줄이든 체력을 키우든. 우리나라에서도 베스트셀러의 저자로 알려진 무라카미 하루키는 체력을 키우는 것을 선택하고 『달리기를 말할 때 내가 하고 싶은 이야기』에서 유명한 소설가인 그가 왜 운동을 해야 했는지 그 이유가 나온다.

막 전업소설가가 된 내가 처음 직면한 심각한 문제는 건강의 유지였다. 아침부터 밤중까지 책상에 앉아서 원고를 쓰는 생활을 하게 되자 체력이 점점 떨어지고, 체중은 불어났다. 신경을 집중하는 와중에 나도 모르게 담배도 지나치게 피우게 되었다. 그 무렵에는 하루에 60개비의 담배를 피웠다. 아무래도 몸에 좋지 않았다. 이제부터 긴 인생을 소설가로 살아갈 작정이라, 체력을 지키면서 체중을 적절히 유지하기 위해 방법을 찾지 않으면 안 되었다.

결국 그가 선택한 종목은 달리기였다.(후에 철인 3종으로 업그레이드하며 훈련한다.)

오후기 되면 신체의 반응 속도가 높아진다. '빠~방'소리를 듣고 난폭한 차를 피해 살아남을 확률이 아침에 일어나 하품을 하며 출근길에 나섰을 때보다 높다는 뜻이다.

오후 5시 이후가 되면 8시까지 운동 능력이 최적이 되는 시간대로 돌입한다. 보통 육상이나 수영 대회는 이 시간대에 하는 것이 성적이 가장 좋게 나온다. 부상의 위험도 아침보다 훨씬 적다.

오후 운동의 이점을 이해했다면 본격적으로 발을 담가 보자. 운동을 선택하는 기준으로 필자는 다음과 같은 팁을 주고 싶다.

① 제비 따라 강남 가지 말 것

자신에게 맞는 운동은 따로 있다. 옆 친구의 좋다는 꼬임에 따라가 봐야 스스로 흥미가 생기지 않으면 한계에 부딪힌다. 무엇이든 자기가 재미있어야 한다. 재미있으면 지속 가능하다. 지속한다는 것은 건강 차원에서 한 시점에 잘하는 것보다 훨씬 유익하다. 헬스장 코치가 멋지다고 운동하는 사람들을 비난할 필요도 없다. 결국 그것도 흥미를 유발하는 요인인 것이고, 꾸준한 시청료(?)를 지불할 마음이 생기면 일단 지속하는데 도움이 된다.

② 너무 큰 부상의 위험이 따르지 않는 것

30대가 넘으면 위험한 익스트림 스포츠는 피하는 게 좋다. 일단 짜릿한 쾌감 때문에 자꾸 고난이도의 기술을 익히고 싶고 그러다가 한 번 부상이라도 크게 당하는 날에는 시간 관리고 뭐고 관절 관리로 몇 달을 고생해야 할 것이다. 알겠지만 나이가 들수록 뼈의 강도는 강해지는 대신 회복에 훨씬 더 오랜 시간이 걸린다.

영화에서 보면 40대, 50대인 외국 배우들도 멋진 몸매로 온몸을 굴리며 날아다니는데, 스턴트맨 썼다고 생각하면 된다. 아니면 스크린이니까 가능하다고 보면 된다. 하지만 웬만한 사람은 그렇지 않다. 여러분은 매일 똑같은 일터에 나가서 자신을 보존하고 업그레이드해야 하는 책임이 있다. 야마카시나, 익스트림 스포츠의 중추가 10대와 20대인 이유가 있고, 등산, 수영, 가벼운 조깅이 나이 드신 분들에게 사랑받는 이유가 있다.

③ 적당히 할 수 있는 것

본질이 바뀌면 안 된다. 너무 재미있어도 재미의 범주 안에서 시간 해결을 해야 한다. 아무리 운동이 재미있어도 운동을 통해서 이룰 것들에 대한 목표를 잃지 않아야 한다. 가끔씩 본질을 흐릴 정도로 반 프로처럼 지나치게 시간과 에너지를 들이는 경우가 있다. 장비도, 지식도, 운동에 대한 애정은 이미 프로급이다. 문제는 실력이 그걸로 먹고 살만한 실력이 아닐 때이다. 자신과 주변 모두 안타깝다. 올림픽에 나가 금메달을 목표로 태릉에서 땀 흘리는 사람이 아니라면 과도한 운동은 삶의 균형을 흔드는 독이 된다. 건강을 위해 과도하게 땀 흘린 결과로 그 건강을 이용해 일을 놓쳐버리면 건강이란 무엇을 위해 존재한단 말인가?

필자도 대한민국 대표 남성으로서 이것저것 조금씩 시도해 보았다. 복싱과 검도, 태권도 등의 격투기도 있지만, 수영, 요가, 헬스, 농구, 축구, 자전거, 달리기 등 남들이 좋다고 하는 것도 조금씩 해 보았다. 그렇게 10년을 테스트해 보니 제일 맞는 것과 안 맞는 것이 걸러졌다. (특히 요가는 악몽이었다. 필자가 데굴데굴 구르는 것을 보며 선생님도 데굴데굴 굴렀다. 웃느라…) 필자에게는 자전거와 헬스, 그리고 농구가 남게 되었다. 그래서 필자는 가능한 출근할 때는 자전거를 타고 다니며, 헬스장을 끊어서 주 1~2회 정도는 가볍게라도 몸을 풀고 일주일에 한 번 정도는 2시간 땀 흘리며 농구를 한다.

운동에서 유의할 점은 방해물이 약방의 감초처럼 생긴다는 것이다. 첫 번째가 내부 이유인 게으름(동기부여 안 됨)이고, 두 번째는 외부 요인으로 중요하지 않은 긴급한 일들의 발생이다. 동기부여야 자신이 긴급하다고 느낄 정도가 되어야 생기는 것이니, 스스로 처리해야 한다.

필자는 간혹 뇌를 속이는 방법이나 비저닝을 통해 게으름을 이겨낸다. 뇌를 속인다는 말은 뇌를 흥분하게 만드는 것이다. 예를 들어 필자는 영화 〈록키〉를 무척 좋아하는데, 가장 좋아하는 장면은 그가 이기는 장면 말고 훈련하는 장면이다. 그 과정이 치열하면 결과에 만족할 수 있다.

1편에서 그는 판정패 했지만, 더 나은 자신의 삶을 증명했다. 그거면 된 거다. 그가 훈련하는 것을 보면 지금도 가슴이 뛴다. 특히 3편과 4편의 훈련 장면은 몇 번을 보아도 질리지 않는다. 이런 장면을 보면 운동하고 싶어진다. 벌써 몸에 긴장과 힘이 들어가기 시작한다. 이런 방법을 응용해서 헬스 기구를 사용할 때 필자는 힘이 부칠 때마다 록키 OST를 듣는다. 어쩌면 여러분도 이 음악이 귀에 흐르면 날면서 계단을 뛰어오르고 싶은 충동이 일 수 있다. 뇌는 여러분과 영화 속 주인공을 오버랩하며 영화 속 치열함을 이루고 싶어 한다.

비저닝은 보상과 관련된 부분이다. 내가 'OOO한 육체를 가진 사람이 되면 나에게 유익해질 점'을 10가지만 써 본다. 예를 들어 헬스장에 붙어 있는 연예인 같은 사람이 된다고 생각해 보자. 어떤 일이 벌어지겠는가?

여러분은 헬스코치라는 직업을 가질 수도 있고 노하우를 책이나 동영상으로 나눌 수도 있다. 한 순간에 유명인이 되는 것이다. 매 여름마다 캐러비안베이 정기 회원권을 끊고 상주하고 싶을지도 모른다. 꼭 거기까지가 아니어도 좋다. 우리는 배우자나 애인에게 사랑을 듬뿍 받을 수도 있다.

유명한 작가가 된다고 상상하는 건 어떨까? 매일 밤 아내 대신 펜대와 컴퓨터를 붙잡고 손가락으로 밤새 고철덩어리와 사랑을 나눠도, 다음날 어깨 결림이나, 손목 저림을 못 느낄 수 있다. 급한 일이 생겨 밤새 일을 해야 하는 상황이 와도, 하루 이틀 정도는 끄떡없는 체력으로 일을 소화하고, 느긋이 차 한 잔을 마시러 가는 모습을 떠 올릴 수도 있다.

이런 비저닝을 글로 써 본 다음 각각의 의미를 그림으로 만들어서 붙여 놓으면 도움이 된다. 영화 〈아메리칸 뷰티〉의 주인공 레스터^{케빈 스페이시}가 열심히 아령을 든 이유는 딸의 친구인 안젤라 덕분이다. 동기가 동양적 사고방식으로는 불편하기 짝이 없지만 그래도 솔직하지 않은가?

뇌를 속이는 방법이나 비저닝은 마인드 컨트롤이 필요하다. 그래서 재미있는 운동을 하라는 것이다. 덜 속여도 되기 때문이다.

방해물의 내부 요인보다 더 귀찮은 건 외부 요인이다. 자전거나 헬스는 혼자 하니까 인간관계와 별 상관이 없는데 농구 같은 단체 운동은 일주일마다 꼬박꼬박 개관된 장소에서 정해진 시간에 해야 하니, 눈에 띌 수밖에 없다. 1주일에 2시간 정도 운동을 하는 것뿐인데도 그 시간이 되면 무슨 급한 일들이 그리도 많이 생기는지……. 하지만, 필자는 대부분 중요하다고 생각하는 일을 우선적으로 지켜나갔다. 이게 키포인트다. 긴급함의 함정에 빠지지 않는 것. 그리고 돌이켜 볼 때 그 당시의 급하다고 했던 일들 중에 내 인생에서 손꼽히게 중요한 일은 거의 없었다. 정 급하면 운동 후 1~2시간 잠깐 처리하면 될 정도였다.

그렇게 30대를 꾸준히 보내고 나니, 기회가 올 때 실력, 아니 체력 발휘를 할 계기가 생겼다. 무더운 여름에 휴일 없이 계속 강의 일정이 잡힌 것이다. 리더십 강의는 보통 선 채로 하루에 8시간을 진행할 때가 많다. 체력이 받쳐 주지 않으면 보통 3일 연속, 24시간 강의가 쉽지 않은 것이 사실이다. 하지만, 비축했던 체력으로 그 기회를 살려 실제 8시간씩 서서 강행군으로 30일 연속 강의를 소화해 냈다. 월·화·수 3일, 목·금·토 3일, 그리고 주말에 몇 시간 그룹 코칭, 다시 월·화·수… (물론 강의를 하는 와중에서도 농구를 하는 날은 저녁에 체육관을 찾아가서 땀을 흘렸다.)

그리고 남들이 펑크 낸 강의까지도 도맡으면서 꽉꽉 채우며 별 피곤한 기색 없이 소화해 냈다. 남들은 무한 체력이라고 했지만, 미리 준비해 놓은 체력 없이는 필자 또한 어림도 없는 일이었다고 생각한다.

운동은 하루를 짧게 해 주는 대신 인생을 길게 해 준다. 연료를 채워야 차가 갈 수 있는 법이다. 먹는 것이 1차 채움이라면 운동은 닦고 조이고 기름 치는 2차 보살핌이다. 그리고 잘 보살필수록 필요할 때 잘 굴러가는 것이 세상 이치다.

21세기 문맹자는 글을 읽지 못하
는 사람이 아니라
재학습 능력이 없는 사람이다.

앨빈 토플러

'재학습 능력이 없는 사람'이란 누구를 가리킬까?

학교 공부 끝났다고 더 이상 배우려 하지 않는 사람이

다. 2005년 인력자원개발 분야의 세계적인 컨설팅 그룹인 프랭클린 코비사의 자료에 따르면 다음과 같은 조사 결과가 나온다.

숙련된 사람과 그렇지 않은 사람 사이의 생산성에 대한 차이는 얼마나 되는가?

다음과 같은 결과는 지식정보화사회에 아주 의미심장하게 다가온다.

예를 들어 숙련된 햄버거 파트 타이머와 비 숙련된 햄버거 파트 타이머의 생산성 차이는?

한 명이 햄버거 뒤집고, 감자 튀김을 능숙하게 담으며, 고객을 맞이하고 그렇지 못한 다른 한 명은 초짜라면? 답은 평균치로 4배의 생산성 차이가 발생한다. 즉 4명의 비숙련자가 합치면 1명의 능숙한 사람 정도의 몫은 할 수 있다는 것이다.

이제는 조금 더 숙련되는데 시간이 걸리고 노하우가 필요한 일로 넘어가보자. 노련하고 숙련된 간호사와 그렇지 못한 초짜 간호사의 생산성 차이는 어떻게 될까? 놀라지 마시기를… 답은 12배이다. 매일 응급 환자가 들락날락하고, 사람의 생명이 왔다 갔다 하는 기구나 약을 다루고 언제 어떻게 터질지 모르는 위급 상황에서 숙련된 사람의 노하우 및 대처는 그런 기술이 없는 사람 10명이 있는 것보다 훨씬 더 일을 잘 처리할 수 있게 된다.

마지막으로 지식정보 쪽에서 일하는 사람, 즉 아주 전문적으로 두뇌를 활용해서 일하는 사람사이에서 그 격차는

얼마나 날까? 여러분이 예상했겠지만, 1,000배 차이 이상
이다.

　즉 별 볼일 없는 마케터 1,000명이 빌 게이츠 같은 혜안
자 1명을 못 따라가고, 별 볼일 없는 투자가나 펀드 매니
저 1,000명이 워렌 버핏, 찰리 멍거 1명을 못 따라가는 이
유가 바로 여기에 있다.

〈저희가 좀 벌거든요. 머리요? 그럼요 저희도 한 개씩만 있답니다〉

지금은 농경기 사회가 아니다. 산업 사회도 아니다. 바
로 지식과 혜안, 통찰력과 지혜가 생산성을 결정하는 사회
다. 재학습 능력, 즉 평생 학습을 유지한다는 것은 이제 선
택이 아닌 필수가 되었다. 이전에도 존재했지만 평평해진
지구촌에서 그 격차를 피부로 느끼기에 너무 쉬워진 세상
에 살게 되었다. 우리는 대단한 사람이 받는 금액을 알고,
그들이 만들어 낸 결과물을 즐긴다.

공병호의 『미래 인재의 조건』이란 책을 보면 다음과 같은 설문이 나온다. 2,187명을 대상으로 [자기계발 실태 조사]라는 섹션이었는데 질문 6, 7, 8이 재미있다. 여러분은 어떻게 대답하겠는가?

질문 6) 한 달 동안 자기계발에 얼마를 투자하고 계십니까?

1. 없다　　　　　　　　　　　　 : 146명 (6.68%)
2. 10만원 미만　　　　　　　　 : 1,109명 (50.71%)
3. 10만원 이상 ~ 20만원 미만 : 581명 (26.57%)
4. 20만원 이상 ~ 30만원 미만 : 193명 (8.82%)
5. 30만원 이상 ~ 50만원 미만 : 83명 (3.8%)
6. 50만원 이상　　　　　　　　 : 75명 (3.43%)

질문 7) 자기계발을 하는 주요 방법은? (2개 이내로 선택)

1. 독시　　　　　　　　　　　　 : 1,698명 (77.64%)
2. 온라인 강좌　　　　　　　　 : 552명 (25.24%)
3. 세미나, 강연회 등 부정기 모임 : 579명 (26.47%)
4. 대학원 진학　　　　　　　　 : 173명 (7.91%)
5. 영어 및 중국어 학원　　　　 : 301명 (13.76%)
6. 전문 분야 학원 수강　　　　 : 162명 (7.41%)

질문 8) 자기계발을 하는 주요 대상은? (2개 이내로 선택)

1. 영어 등 외국어　　　　　　　　: 721명 (32.97%)
2. 자격증 취득　　　　　　　　　: 692명 (31.64%)
3. 현재의 업무 관련 전문 능력　　: 708명 (32.73%)
4. 리더십 등 일반적 능력　　　　: 692명 (31.64%)
5. 미래 준비를 위한 전문 능력　　: 694명 (31.72%)
6. 건강과 체력　　　　　　　　　: 702명 (32.1%)

자기계발의 투자 금액은 어떤가? 어쨌거나 20만원 미만으로 조금이라도 투자하는 사람이 75%가 넘는다. 간단히 말해서 이 정도 한다는 것은 투자 안 하는 6%를 포함해서 100명 중 80등 사이에 있다고 보면 된다. 중복답안으로 자기계발 방법으로 독서를 선택한 사람도 77%나 된다. 즉 '저 자기계발해요. 책 1~2권은 읽죠'라는 대답인데 '그 정도도 안 하는 사람이 어디 있냐?'의 반문 되겠다.

결국, 위의 통계를 보며 현재 내가 자기계발에 어느 정도 투자하는가를 점검해 보고, 이런 학습 습관이 어떻게 다시 자신의 삶으로 귀결되는지 깊이 생각해 봐야 한다.

필자는 상당히 많은 금액, 구체적으로 대학교 등록금 정도의 비용을 자기계발에 투자한다. 비싼 오프라인 교육비도 그렇지만, 매월 들어가는 도서 구입비와 세미나 참가 및 체력 단련 비용도 필요하다. 그러므로 투자한 만큼 가치가 없다면 그것은 취미이지, 자기계발이 아니라는 절박한 심정으로 예산을 편성해야 한다.

투자에 대해서 의심이 들 수는 있지만, 자신이 잘하는 것에 대한 계발과 집중은 가장 높은 투자회수율을 보인다고 재테크 상담의 전문가이자, 유명한 『시골 의사의 부자 경제학』 저자인 박경철 씨도 주장하고 있다.

이제 무엇을 어떻게 학습할 것인가?

직장인은 초등학생이 아니다. 당연히 자신에게 맞는 종목은 스스로 정해야 한다. 단, 언제 일어날지도 모르는 만일을 대비하는 것은 의미가 없다. 반드시 쓰이는 것, 꼭 필요한 것이어야 한다. 억지 공부, 하기 싫은 공부는 밑 빠진 독에 물 붓기다. 왜 하기 싫은 일을 하게 되면 작심삼일이 될까? 이시형의 『공부하는 독종이 살아남는다』라는 책에 뇌와 관련하여 다음과 같은 이야기가 있다.

처음에 굳은 결심을 하면 부신피질의 방어 호르몬이 생성되어 어떤 스트레스도 이기게 해준다. 심신의 피곤을 덜어주고 하기 싫은 일도 얼마간은 참고 할 수 있도록 몸을 조절해 준다고 해서 방어 호르몬이다. 그런데 문제는 이 호르몬의 유효 기간이 결국 72시간 남짓이라는 점이다. 사흘이 지나면 약발이 떨어져 더 이상 버티기가 힘들게 된다. 그러니 싫은 공부도 의지만 있으면 끈기와 참을성으로 버티며 해낼 수 있으리라 생각하는 건 오산이다.

이 말은 능동적 공부를 선택했을 때 효과적이라는 의미다. 게다가 직장인은 물질적으로도 학생들보다 풍부하다. 사회생활의 풍부한 경험은 관련된 분야의 공부 요령을 찾도록 도와주기도 한다. 이래저래 자신만 절실하게 분야를 찾으면 꽤 괜찮은 환경인 셈이다.

한편 공부를 즐겁게 또 집중하도록 도와주는 세로토닌이란 물질이 있다. 세로토닌은 정서적이거나 감정적인 행위, 수면이나 기억, 식욕 조절 등에 관여하며 인간의 몸과 정신에 생기와 활력을 불어 넣는 기능을 한다. 세로토닌은 순간의 환희나 격정적 기쁨과 연관이 있는 엔도르핀과는 다르다. 온화한 여유, 행복을 만끽할 때 나오는 분비물이다. 그래서 세로토닌을 '행복 호르몬'이라고 한다. 우울증 환자에게 세로토닌을 증가시키는 프로작 같은 약을 처방하는 것도 이 같은 이유에서다.

현대인들은 세로토닌 결핍의 시대에 살고 있다. 툭 하면 화를 내고, 온갖 쾌락을 제공하는 도파민이나 엔도르핀의 중독에 시달리는 사람이 늘고 있다. 공부도 마찬가지이다. 세로토닌이 부족하면 공부할 의욕과 주의 집중력, 기억력이 따라주질 못하게 된다. 따라서 학습을 잘하려면 세로토닌의 강화가 필수적이다.

다음은 전문가가 추천하는 세로토닌 분비를 늘리는 다섯 가지 방법이다.

① 좋은 음식 잘 씹어 먹기

세로토닌은 잘 씹어야 분비된다. 현대인은 먹는 것도 급하다. 소화가 안 될까 싶어 다져놓은 고기를 끼워서 햄버거라는 이름으로 판다. 씹을 거리도, 씹는 숫자도 줄어들고 있다. 정 씹을 게 없으면 껌이라도 씹어보자. 단, 공공장소에서는 좀 교양 있게 씹자.

② 배 속까지 깊게 호흡하기

짧은 호흡이 아닌 아랫배로 하는 호흡이다. 참고로 이런 호흡은 발표력 향상을 위한 목소리 강화 훈련에도 필수적이다.

③ 즐겁게 걷기

요즘은 동네 슈퍼를 가도 차 키부터 찾는 게 습관이 됐다. 걷기는 가벼운 운동도 되고 세로토닌도 분비되고. 1석 2조다. 오죽하면 영국 속담에도 '점심 뒤에는 잠시 앉아 쉬고 저녁을 먹은 뒤에는 오 리쯤 걸어라' 라는 말이 있을까.

④ 몸과 마음으로 사랑하기

온갖 스트레스와 무한 경쟁의 시대에는 '성性'도 찬밥 신세인 듯하다. 2009년 한국화이자가 주최한 아시아 태평양 13개국 '성 건강과 전반적 삶의 만족도' 발표에서 서울대 비뇨기과 백재승 교수는 한국은 일본에 이어 꼴찌에서 2등을 했다고 발표했다. 성생활 향상에 관심이 있다고 말한 남, 여의 비율은 75%,

54%인데 반해. 실제 19%, 11%만이 현재 만족스러운 성생활을 하고 있다니, 대한민국의 스트레스 상황을 단적으로 표현해 주는 것이다.

⑤ 모이고 어울려 정답게 살기

인간에게는 식욕, 성욕 다음으로 군집욕구가 있다고 한다. 같이 어울리며 살고 싶다는 뜻이다. 『혼자만 잘 살면 무슨 재민겨?』라는 책 제목도 있지 않은가. 어울려라. 좋은 사람, 어울리고 싶은 사람과 어울리면서 세로토닌을 만들어 보자.

위에서 열거한 걸 보면, 행복한 삶이든, 세로토닌 분비든 한없이 단순한 구조다. 잘 먹고 잘 걷고 잘 자고, 잘 어울리면 공부도 잘 하게 되는 것이다. 그런데 대부분은 반대로 산다. 허겁지겁 먹고, 안 걷고, 고독해하면서도 스트레스로 서로 사랑하는데 주저한다. 그러면서 공부 잘해서 성공해 보겠다고 한다. 시작부터 힘든 게임인 셈이다.

추가 정보 : 요즘 학계에서는 항우울제인 프로작 같은 SSRI (선택적 세로토닌 재흡수 억제제) 계통의 약이 부작용으로 지루 및 사정을 늦추는 효과가 보고가 되면서 발기 기능에도 일부 영향을 줄 수 있다고 하니 이래저래 약물치료보다는 뇌를 이용한 자연 세로토닌이 최고지 않을까? (남성들이여. 행복을 사려 하지 말고 행복을 만들어 내도록~! 행복은 셀프서비스니까!)

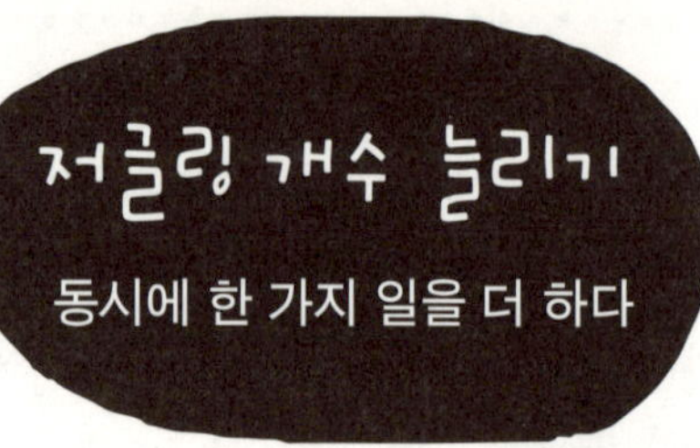

다음은 더글러스 테프트 Douglas Taft 전 코카콜라 회장의 유명한 2000년 신년사이다.

삶은 공중에 다섯 개의 공을 돌리는 저글링 같습니다.
일, 가족, 건강, 친구, 영혼(자기 자신)의 공입니다.
이중에서 '일'만이 고무공이고 나머지는 모두 유리공입니다. 고무공은 떨어뜨려도 튀어 오르지만 나머지 공은 떨어뜨리면 깨지고 맙니다.
이 다섯 개의 공이 균형을 이루도록 노력해야 합니다.
다른 사람과 비교함으로써 당신의 가치를 과소평가하

지 마십시오. 우리 각자는 서로 다르고 모두 특별한 존재이기 때문입니다.

다른 사람들이 중요하다는 것에 당신 인생의 목표를 두지 마십시오. 당신 자신에게 가장 최선인 것에 두십시오.

가장 가까이 있는 것들을 하찮게 여기지 마십시오. 당신이 당신의 삶에 애착을 갖듯이 그들에게도 애착을 두십시오. 그들이 없는 삶은 무의미하기 때문입니다.

과거나 미래에 집착함으로써 당신 삶이 손가락 사이로 빠져나가게 하지 마십시오. 한 평생을 산다는 것은 우리가 하루하루를 살고 있다는 것입니다.

당신에게 아직도 줄 것이 남아 있다면 절대로 포기하지 마십시오. 당신이 노력을 멈추지 않는 한 진정으로 끝나는 것은 아무것도 없습니다.

당신이 부족하다고 인정하는 것을 두려워하지 마십시오. 이런 두려움은 우리를 구속할 뿐입니다.

위험과 맞서는 것을 두려워하지 마십시오. 그래야 우리는 용기를 배울 수 있습니다.

찾을 수 없다고 말하면서 당신 인생에서 사랑의 문을 내리지 마십시오. 사랑을 받을 수 있는 가장 빠른 길은 바로 사랑을 주는 것입니다.

사랑을 유지할 수 있는 가장 좋은 방법은 그 사랑에 날개를 달아주는 것입니다.

당신이 지금 어디에 있는지, 또 어디로 가고 있는지도 모를 정도로 그렇게 바쁘게 당신 인생을 내달리게 하지 마십시오. 사람에게 가장 필요한 감정은 고맙다고 느끼는 것임을 잊지 마십시오.

시간과 말을 함부로 사용하지 마십시오. 그 어떤 것도 다시 주워 담을 수 없습니다.

인생은 경주가 아닙니다. 한 걸음씩 음미하며 나아가는 여행입니다.

어제는 역사고, 내일을 비밀이며, 오늘은 선물입니다.

그래서 우리는 현재present를 선물present이라고 부릅니다.

인생을 이렇게 풀어낸 짧은 글을 보니 어떤 생각이 드는가? 정말 멋진 신년사구나. 그리고 그만큼 가정과 건강이 소중하다는 생각이 들 것이다.

그에 반해 정말 인생을 잘 산다는 것이 어렵다는 새삼스런 고민도 할 수 있다. 공을 무려 5개를 계속 돌려야 한다니, 내가 무슨 서커스 곡예단의 저글링 선수도 아니고 하물며 문어도 아니지 않은가.

하지만 그중에 중요하지 않은 것이 어디 있을까? 코카콜라의 회장 같은 경우라면, 자기 부하들을 바라보는 심정에서 '필요한 역량을 공으로 표현하자면 한 100개 정도는 돌릴 줄 알아야지'라고 말하고 싶었을지도 모를 일이다.

시간 관리법에 저글링을 적용해 보자. 동시에 여러 개를 돌릴 줄 알면 그만큼 시간을 모을 수 있다. 단, 2개도 좋고 3개도 좋다. 자기 재량껏 해야 한다. 내 능력에 5개가 많다면 굳이 그럴 필요까지는 없다.

기억을 떠올려보자. 우리가 운전하면서 가장 많이 하는 것은?

정답은 상대방 운전 삿대질하기가 아니고, 음악 또는 라디오 듣기다. 운전이라는 기술도 처음에는 기술과 감이 필요한지라 상당한 집중을 요하지만, 어느 정도 기어 넣고(하물며 요즘엔 오토가 대세다), 핸들 돌리기가 익숙해지면 이후에는 물 흐르듯 목적지까지 가게 된다. 이렇게 되면 적당량의 다른 소리를 듣는 것도 어려움이 없어진다. 벌써 두 가지를 동시에 할 수 있게 됐다. 필자의 주장이 무엇인지 감을 잡은 독자분들도 있을 것이다.

바로 하나의 익숙한 일에 다른 분야의 경험을 끼워 넣는 거다. 몸이 익숙한 일을 하면 머리는 새로운 일을 할 수 있다. 눈이 익숙한 일을 하면 귀로 새로운 일을 할 수 있다.

단, 여기에 중요한 조건이 있는데 한 곳에서 자원이 필요한 두 가지의 일을 동시에 하면 안 된다는 것이다. 무슨 소리냐? 당신이 보초 서는 일을 수행 중이라면, 옛 애인은 떠올려도 되지만, 만화책을 보고 있으면 안 된다는 뜻이다.

아까 이야기로 돌아가서 운전을 할 때 무엇을 할 수 있을까? 소리를 들을 수 있다. (혹시 DMB 보기라고 생각하는 사람은 뒤에다가'초보 운전'대신'시청 중'푯말이라도 좀 붙여주길 바란다. 주변 사람도 오래 살고 싶다.)

운전은 손발과 시각의 정보가 절대적인 영향을 차지하는 반면 나머지 부분은 보조적인 역할을 한다. 따라서 많은 사람이 음악을 듣는다. 하지만 이 시간에 자신이 원하는 분야에 투자한다면 실력이 놀랍게 는다.

대도시처럼 혼잡한 교통난에 출퇴근 시간은 보통 2시간이 훌쩍 넘고, 교통이 편리한 곳도 왕복 1시간은 족히 걸린다. 주말 쉬고 출근한다고 가정해도 일주일이면 10시간, 한 달이면 40시간이고 일 년이면 500시간 정도 된다.

대학에서 3학점을 따려면 일주일에 3시간씩 배워야 하는데, 일주일에 10시간을 확보할 수 있다면 10학점을 딸 수 있는 기회가 아닌가. 몇 년 뒤에는 굴러가는 바퀴 위에서 전공 분야의 졸업장을 받는 그림이 된다.

게다가 콘텐츠를 만드는 사람들은 테이프나 CD의 내용을 완벽히 생산하려고 연구와 투자에 힘쓴다. 오디오 프로그램 하나를 만들려고 수많은 책을 사서 그 사람도 읽은 것이다. 점심 한 끼면 해결할 수 있는 돈으로 인생을 바꾼 한 사람의 노하우를 얻게 된다.

필자도 장거리 출장을 가면서 운전을 해야 한다면 음악 청취 외에 꼭 유명한 강사의 오디오 북을 경청한다. 필자의 경험으로 오디오 북은 누적된 반복 청취가 힘을 발휘한다. 가볍게 듣는 소설류는 다르겠지만, 가치가 있는 것은 10번 이상은 들어야지 대충 내용이 잡히고, 30번 이상은 들어야 앞뒤 내용이 연결되며 세부적인 목차가 상상이 되고, 50번은 들어야 자유자재로 응용하면서 써먹을 수 있었다. 그리고 그 이상 듣게 되면 비로소 내 경험이 쌓이며 버무려져 화자가 왜 이 말을 했으며, 어떤 주관을 가지고 있는지 이해가 되기 시작했다.

차량으로 출퇴근 하거나 회사에서 차량을 쓰는 사람이라면 이 정도는 내일부터라도 충분히 시작해 볼 수 있다. 물론 차마다 상황이 조금 다를 수 있다. 조금 연식이 지난 차는 Mp3는커녕 CD 듣는 장치가 없을 수도 있다. 하지만, 테이프Tape 넣는 곳만 있다면 테이프 변환장치를 이용해서 얼마든지 휴대용 CD 플레이어와 Mp3 플레이어의 소리를 재생할 수 있다. 게다가 최근에 나온 차는 대부분 CD 와 USB 단자를 이용해서 소리를 재생한다.

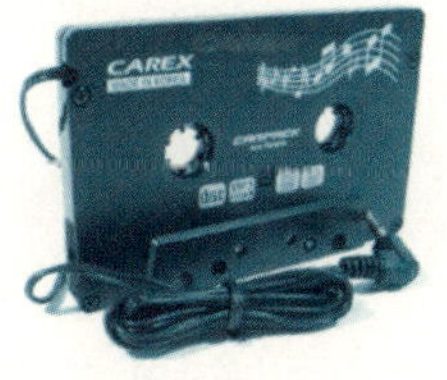

〈카펙, 차에 USB 저장 장치 없다고 좋은 콘텐츠 못 듣는다는 건 핑계다〉

필자가 즐겨 듣는 내용은 시간 관리, 경제학, 성공학, 기업경영, 자기계발, 긍정심리학, 개인의 성공담, 브랜드, 서비스 마인드, 트렌드, 종교, 명상, 글 쓰는 법 등이다.

차량이 없는 사람은? 걸으면서, 혹은 대중교통을 이용하여 출퇴근 하면서 PMP나 Mp3 어학기를 활용하면 된다. 사이버대학 강좌도 많아져서 요즘에는 대부분 파일을 제공한다.

필자는 장거리 출장 빼고는 가능한 자전거 출퇴근을 한다. 자전거로 출퇴근을 하면 차량과는 조금 환경이 다르지만, Mp3 플레이어나, 카세트 플레이어에 스피커를 연결해 관련된 공부를 하거나, 전화로 텔레 코칭에 참가하는 등의 활동은 충분히 가능하다.

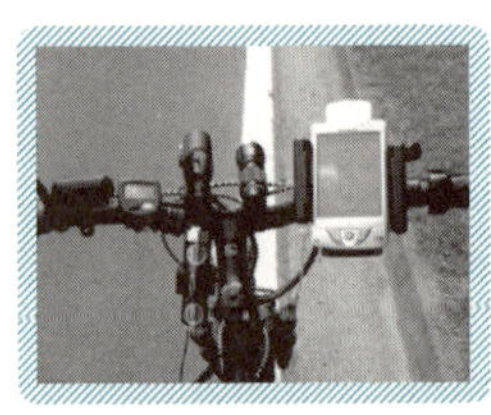

〈네비게이션 되는 PDA나 카세트 플레이어를 설치하고
스피커를 연결해 놓은 필자 자전거〉

자연스러운 운동의 효과도 얻을 수 있다. 필자가 건강한 삶을 보내는 데는 자전거로 단련된 하체 힘이 큰 역할을 한다. 머리를 식히고 싶다면 음악도 좋다. 특히 자전거를 타고 다니면서 듣는 음악은 또 다른 느낌을 준다. 계절마다 바뀌는 하천을 바라보며 잠깐 자전거를 세워 음악을 틀어 놓은 채 풍경을 감상하는 순간엔 색다른 즐거움도 맛볼 수 있다. 특히 꽃이 활짝 피는 봄, 모두가 시원한 옷차림을 하는 여름, 세상이 황금빛으로 변하는 가을, 모두 멋진 풍경을 연출한다. 더 많이 배우는 것 같지만, 더 많은 여유를 누릴 수 있는 삶은 이런 사소한 활용에서 출발한다.

이렇게 소소한 저글링 놀이는 매일 무궁무진한 활용법으로 진화한다. 아침에 화장실에서 오랜 시간을 소모하는 사람은 자신의 동선을 고려해 보면 그 원인이 발견된다. 대부분 볼일을 보고, 이빨을 닦고, 머리를 감고 드라이어로 말린다. 혹은 순서를 바꿀 수도 있지만, 공통된 점은 하나씩 순서에 맞춘다는 거다.

그러나 동시에 할 수 있는 일들이 있다. 볼일을 보면서 이빨을 닦을 수도 있고, 머리를 감은 후라면 머리를 대충 말릴 수도 있다. 필자는 바쁜 아침에는 가능한 두 가지 일을 동시에 한다. 저녁에 화장실을 가야 하는 경우라면 비치해 놓은 책을 읽는다. 단, 중요한 점이 있다면 화장실에는 호흡이 긴 소설류는 배제하도록 한다. 시간 가는 줄 모르거나, 흐름이 끊기지 않는 책보다는 짧은 상식이나, 단막으로 호흡이 짧은 책이 엉덩이 건강에도 좋다. 사소해 보이지만, 충분히 화장실에서만 10분 이상을 절약하는 방법이다.

한 귀부인이 상스러운 말만 담고 사는 암컷 앵무새 때문에 고민하다 사제를 찾았다.

"뭐라고 하는데요?"

"그게요. '우리는 몸을 팔아! 당신도 재미 좀 볼래?'라고 한답니다."

"정말 낯 뜨거운 말이군요!"

사제는 잠시 생각에 잠겼다가 아이디어를 냈다.

"제게도 말을 할 줄 아는 수컷 앵무새가 두 마리 있습니다. 그 녀석들에게 제가 기도하고 성경 읽는 법을 가르쳐 주었거든요. 부인의 앵무새를 데려와 같이 넣어 놓는다

면 우리 앵무새들이 부인 앵무새들에게 성스런 말을 가르
쳐 줄 것이고, 그러면 부인 앵무새의 말버릇이 고쳐질 겁
니다."

"고맙습니다. 신부님. 정말 멋진 방법이에요."

다음날 부인은 암컷 앵무새를 데리고 왔다. 새장 안의
수컷 앵무새를 보니 묵주를 들고 기도하고 있었다. 부인
은 크게 감명을 받고 암컷 앵무새를 넣었다.

몇 분이 지나지 않아 암컷 앵무새가 소리를 지르기 시작
했다.

"우리는 몸을 팔아! 당신도 재미 좀 볼래?"

잠시 침묵이 흐른 후 수컷 앵무새가 다른 수컷을 향해
소리쳤다.

"야! 이제 묵주 치워. 드디어 우리의 기도가 이뤄진 거야!"

우리는 환경의 영향을 받게 되어 있다. 내 옆에 누가 있
느냐에 따라 내가 달라진다. 먹을 가까이 하면 검게 되는
것이요. 남귤북지南橘北枳라, 강남의 귤도 강북에 심으면 탱
자가 되는 것이 자연의 법칙이다.

필자가 퇴근 후 사람 관리에 대한 실천 답변을 물으면
'같이 술을 먹는다.'라고 이야기하는 사람이 꽤 많다. 주류
회사 주가가 뛸 이야기지만, 본질을 벗어난 방법이란 생각
을 지울 수 없다. 인간관계가 좋기 때문에 술을 먹으며 즐
기는 것과, 좋은 인관관계를 맺기 위해 술을 먹는 것은 다르
기 때문이다.

필자 경험상 평상시에 아무 소리 없다가 술만 먹으면 '왜 나한테 도움 안 청했냐? 도와줄 수 있으니 연락해라'라고 이야기하는 사람의 99%는 거짓말이다. 그런 자리에 시간을 쓰지 마라. 술자리에서만 유난히 돈독한 관계는 술자리 이외에서 효과를 발휘하기 어렵다. 이것을 정신과 전문의 하지현 씨는 자신의 저서 『도시 심리학』에서 '우리는 친하다.'는 최면을 걸어야 할 때, 폭탄주를 나누면 순간 경계심이 마취되어 '정말 이 사람이랑 친한 것 같아'라는 가성 친밀감이 형성된다고 밝히고 있다.

'가성 친밀감'이 무엇인가? 우리는 한 편이라는 친밀감은 그 때일 뿐, 깊은 이야기를 주고받으며 내밀하게 소통하는 것이 아니라는 말이다. 왜 도와줄 수 있는데, 술 먹고 도와주겠다고 하는가? 술 안 먹을 때 도와주지. 알코올중독자를 제외하고 대부분의 삶이 멀쩡한 제정신으로 살아가는 시간인데 꼭 술 먹을 때만 자기 마음속 이야기를 한다면 실제로는 도와줄 마음이 별로 없다는 이야기 되겠다.

그렇다면 실제 인간관계는 어떻게 가져야 할까? 앵무새가 묵주 치우기 전에 『자조론』의 저자 사무엘 스마일즈가 쓴 글을 음미해 보자.

젊은이들이 조언을 구한다면 나는 이렇게 말하리라
자기보다 나은 사람을 사귀어라.
책에서든 인생에서든 그것이 가장 도움이 되는 교제다.
올바른 것을 흠모하는 법을 배워라. 인생의 기쁨은 거기에 있다.
위인은 무엇을 흠모했는지 살펴봐라.
위인은 위대한 것을 흠모하지만, 편협한 사람은 천박한 것을 흠모하고 비열한 것을 숭배한다.

여러분이 생각하는 진정한 친구란 어떤 사람인가? 여러 답들이 있겠지만, 필자는 앤디 앤드루스가 쓴 『폰더 씨의 실천하는 하루』에 너무나 공감되는 말을 발견했다.

함께 어울리는 사람을 선택하는 과정에서 한 가지 염두에 둘 게 있다. 친구를 선택할 때는 신중해야 한다는 것이다. 나는 사람들에게 종종 "당신이 생각하는 진정한 친구는 어떤 사람입니까?"라고 묻는다. 80% 이상의 사람이 "진정한 친구란 있는 그대로의 내 모습을 받아들이는 사람"이라고 답한다. 세상에! 이건 정말 위험한 발상이다!

동네 패스트푸드 식당의 아르바이트생은 있는 그대로의 내 모습을 받아들인다. 왜냐면 그는 나와 아무 관련이 없기 때문이다.

진정한 친구란 '나를 보다 높은 수준으로 끌어올려 주는 사람'이다. 내가 앞으로 어떤 일을 하겠다고 말했을 때 나의 가능성을 기대하는 사람이다. 그가 내 곁에 있음으로

써 내가 보다 나은 사람이 될 수 있게 하는 존재다. 어린 시절 아버지와 테니스와 탁구를 쳐 본 기억이 있는가?

장담컨대 아버지는 우리에게 늘 져주지는 않는다. 왜냐면 우리가 늘 이긴다면 결코 실력이 늘지 않기 때문이다.

이는 비즈니스에도 마찬가지로 적용된다. 나보다 나은 사람과 어울려라.

부자가 되고 싶은가? 그럼 나보다 부자인 사람과 시간을 보내라. 현명한 사람이 되고 싶은가? 그렇다면 나보다 지혜로운 사람에게 시간을 투자하라.

농구 동호회에서 주장 역할을 하던 시절, 어떤 분이 내게 질문을 했다.

"주장! 최근에 농구가 정말 많이 느신 것 같아요? 무슨 비결 있으세요?"

30대 중반, 허리 살은 늘어가고 다리는 20대의 점프력에 비해 점점 줄어들고 있는 시점이었다. 그런데 왜 그런 이야기를 들었을까? 곰곰이 생각해 보다가 결국 '뛰는 이들의 수준' 때문이란 결론을 내렸다.

처음에는 회사 동호회 차원에서 시작하다가 운영이 쉽지 않아 외부에서 농구를 좋아하는 사람도 불러들이게 되었는데, 이들의 실력이 혀를 내두를 정도였던 것이다. 치고 들어가는 스텝과 패스, 점프력과 스틸 등 모든 것이 내가 겪던 기준치 이상이었다. 그러니 방심하고 있으면 망신당하기 십상이었다. 자연스럽게 스텝도 정교해지고 비어 있는 상황에서 밖에서 던지는 슛이 가다듬어졌다. 그 당시 감독을 봐 주었던 한국체육대학의 농구 코치 말을 빌리자면 '일취월장'한 셈이다.

내 실력은 어울리는 동료에 의해서 결정된다. 내 높은 실력은 결국 '높은 기준을 가진 동료'들 덕택이었다. 이는 다른 분야도 마찬가지다. 선의의 경쟁을 내걸고 많은 노하우를 가진 사람과 어울리다 보면 곁눈질로 배운 도둑 공부가 하루하루를 다르게 만든다. 조직 생활에 그런 이가 없다면 밖에서라도 원대한 이상을 가진 사람을 직접 찾아 나서야 한다.

1. 여러분의 스터디 메이트는 누구인가요?

재수 시절, 도움을 주고받았던 친구들이 있다. 언어, 수리, 외국어를 해야 하는데, 약한 수리영역의 실력이 생각보다 늘지 않는 것이다. 언어와 외국어는 나름대로 강점이 있었기 때문에 그룹 스터니를 조직해서 토요일마다 세 명이 모여 공부를 했다. 필자는 언어 영역을, 한 친구는 수리 영역을, 나머지 한 친구는 외국어 영역을 맡아서 상대방이 잘 이해하지 못하는 부분을 가르쳐 주었다. 결과적으로 볼 때 그것은 꽤 괜찮은 전략이었다.

직장을 다니는 사람에게도 인맥만큼이나 중요한 것이 관심 분야를 같이 공부하는 스터디 메이트다. (같은 학교 졸업했다고 본 적도 없는데 물건 사달라고 찾아오는 게 학연이 아니고 이게 진짜 학연이다.) 필자에게도 나이를 불문하고 관심 분야의 공부 내용을 공유하는 학연이 있다. YG팀이라고 자기 계발에 관심을 가진 분들이 모여 하는 그룹코칭 이름이다. 현장에서 바로 써먹을 수 있는 내용을 공부하고 나누는 것이라 하나하나의 내용의 질이 당장 내일과 연결되고 수입과도 이어진다. 나 또한 그렇게 배우고 또 나눈다. 지금도 새롭게 배우거나 업그레이드를 해야 하는 분야가 있으면 또 찾아가 배운다. 좋은 스터디 메이트가 많으면 많을수록 서로의 실력은 급격하게 성장한다.

좋은 스터디 메이트란 어떤 사람이냐? 원하는 결과를 충실히 이행할 수 있는 의지와 실행력을 갖춘 사람이다. 무임 승차를 하지 않는 사람이다. 지금 여러분의 스터디 메이트는 누구인지 그리고 본인은 자격을 갖춘 스터디 메이트인지 살펴볼 때다.

2. 세미나 참가, 고수들끼리의 공유

세미나는 듣고, 보고, 체험하는 모든 것을 같이 할 수 있다. 더 많은 감각이 동원되니 잘 배울 수밖에 없다. 생각이 비슷한 사람이 여럿 모였기 때문에 학습에 더 집중할 수 있다. 이런 만남 자체가 소중한 인적 자원이 된다. 게다가 강사와 직접 대화를 나눌 수도 있다. 보도 새퍼는 아무리 돈이 없어도 1년에 4번은 세미나에 참가한다는 원칙을 세웠다. 필자는 파워 블로거끼리 모여서 공저로 『불로고수 : 2009년 블로그로 살아남다』라는 책을 쓰기 위해 그룹 작업을 한 적이 있다. 실체 출판에서 인쇄물이 넘어가기 전의 과정을 같이하다 보니 프로세스를 배울 수 있는 무척이나 소중한 시간이었다.

블로그끼리 트랙 백을 걸고 구글 그룹스로 협업을 한다든지, 문서 작업을 퍼블리셔 프로그램으로 변환하고 쪽수를 맞추고 PDF로 변환해서 합치는 등 생생한 출간의 현장을 맛 볼 수 있었다.

혼자서 글을 쓰다가 공저로 참여하여 눈치코치 따라 하다 보니 정신이 하나도 없었지만 서로 친절하게 가르쳐 주고 모르는 노하우를 하나씩 공유해 큰 성장을 이룰 수 있었다. 카페, 1촌, 블로거끼리의 협업 등은 앞으로도 일정 수준의 전문가로 성장하고 싶어하는 사람에게 유용한 장소가 될 것이다.

3. 사람만이 답이 아니다

청명한 가을 하늘 아래 서울의 한 음식점. 눈앞에 있는 음식을 혼자서 우물거리는 필자, 멀리서 보면 안 좋은 일이 있는 것처럼 고개까지 푹 숙이고 있다. 혼자서 밥 먹는 것도 불쌍한데, 고개까지 처박고 있다니……. 필자를 보고 안

쓰러운 마음이 들어서 위로해 주고 싶다면 그러지 않아도 된다. 그때 나는 세계의 유명한 경영 컨설턴트인 '찰스 핸디'와 같이 식사 중이었으니까.

음식점 가게 아주머니가 가져다 준 시금치 접시 옆에는 찰스 핸디의 『코끼리와 벼룩』이라는 책이 펼쳐져 있었고, 이제 막 싱가포르의 한 젊은 중국계 은행가가 찰스 핸디에게 성공적인 자본주의의 단면에 대해 이야기하려는 순간이다. 나는 싱가포르에 가 본 적이 없고, 경제 평론가이자 사회 철학가인 찰스 핸디를 실제로 만난 적도 없다. 하지만, 이렇게 해서 그들의 생각과 대화를 엿듣고 나의 생각을 정리할 수는 있다. 이것이 책이 주는 엄청난 장점이다. 나는 혼자지만, 언제나 혼자가 아니다. 내 주위에는 각 분야에서 성공한 수많은 사람이 조언을 해 주고 싶어 안달이다. 내가 할 일은 단 한 가지다. 책장만 넘기면 된다.

데카르트도 '좋은 책을 읽는 것은 과거의 최고 인물들과 대화하는 것이다.'라고 했다. 시공간을 뛰어넘어 이만큼 멋진 일은 흔치 않다. 지적인 도전을 받는 것과 동시에 실천의 발걸음에 힘을 더하게 된다. 보는 만큼 믿음도 강해지기 때문이다. 반대로 가끔씩 시시한 대화 사이에 끼어 버리면 참 이도 저도 못하고 난처해진다. "아~ 그럼 이만 헤어질까?" 하는 이야기가 10라운드를 뛴 권투 선수가 듣는 종료 벨소리만큼이나 반갑다.

시시한 사람은 없지만 시시한 대화는 존재한다. 대담하지 않고, 안주하는 대화, 비전을 꿈꾸기 보다는 과거의 성공에 안주하는 대화, 다른 이의 장점을 보기 보다는 험담하는 대화 등이 이에 속한다. 하지만 대부분의 책들은 어떤 부분이든지 배울 점이 있다. 대담해질 때도 있고, 꿈꾸게 할 때도 있으며, 책 속의 저자들도 끊임없이 배우려 노력하며 독자를 자극한다.

이런 자극은 뇌를 두드린다. 호흡을 가쁘게 한다. 눈물이 핑 돌게 하고, 주먹을 불끈 쥐게 하며 오늘의 발걸음을 재촉한다. 이런 책은 든든한 친구 같다. 적진에서 고전하는 병사에게 날아온 지원 폭격기다.

데일 카네기가 책을 쓰면서 이런 말을 했다. '내가 지지하는 이상들은 나의 것이 아니라, 소크라테스에게서 빌리고, 체스터필드와 예수에게서 훔쳐다가 내 책에 넣은 것이다.' 그의 책 역시 명저이지만, 그 역시도 그 책을 쓰기 위해서 과거 성인의 위대한 힘을 빌린 것이다. '나보다 나은 이를 사귀어라'는 구절을 쓰면서 필자는 다시 한 번 꼭 그 만남의 매개체가 사람일 필요는 없다고 이야기 해 주고 싶다.

기왕 말한 김에 책은 어떻게 읽어야 좋을까?

책을 읽는 방법에 대해서, 혹은 책의 유용함에 대해서 시중에 나와 있는 또 다른 책들도 꽤 많다. 모티머 애들러의 『생각을 넓혀주는 독서법』, 안상헌의 『어느 독서광의 생산적 책읽기 50』, 스티브 레빈의 『전략적 책 읽기』, 그리고 이희석의 『나는 읽는대로 만들어진다』 등이 있다. 특히 독서에 관심이 있다면 최근에 나온 『나는 읽는 대로 만들어진다』라는 책은 꼭 한번 읽어보기를 권한다. 옆에서 저자가 살아가는 것을 지켜 본 바, 생각한 것과 쓴 것이 일치하는 사람이기 때문이다. 젊은 나이에 그렇게 할 수 있다는 것이 겸손하면서도, 대단한 청년이라 생각한다.

또 다른 구체적인 방법은 법정 스님의 『아름다운 마무리』에서 찾아 볼 수 있다.

먼저 마음의 안정이 없으면 경전의 뜻을 제대로 이해할 수 없다.

그리고 경전의 가르침을 자기 자신의 삶으로 받아들이지 않으면, 설령 『팔만대장경』을 죄다 외울지라도 아무 의미가 없다.

옛 스승의 가르침에 '심불반조 간경무익心不返照 看經無益'이란 말이 있다.

경전을 독송하는 사람이 자신의 마음으로 돌이켜 봄이 없다면, 아무리 경전을 많이 읽더라도 도움이 되지 않는다는 것이다.

책을 읽는 사람이 자칫 빠져들기 쉬운 것이 책을 읽는 것이 아니라 책에 읽히는 경우이다. 이렇게 되면 주객이 바뀌어서 책을 읽는 의미가 전혀 없다.

처음에 접할 때는 지식의 탐닉에 열중하게 되어 있다. 많이 앎에 우쭐해 하고, 다른 식견을 가짐에 그렇지 않은 것들이 하찮게 보인다. 하지만, 끊임없이 경계해야 할 것은 책에 읽히는 것이다.

책은 우리가 읽고 '실천하기' 위한 지침서임을 잊어서는 안 된다. 필자는 아주 가까운 분들이 독서에 대한 방법을 물어보면 현재 운영하고 있는 그룹코칭 모임처럼 일독삼행一讀三行을 권해준다. 한 권을 접하면 새로운 것 세 가지를 해보라는 의미다. 새로운 것을 하다 보면 성공도 맛보고, 실패도 해보게 된다. 바로 그것이 실제 책을 통해 얻은 '배움'인 셈이며 배움은 호흡이 되어 근육으로, 뼛속으로 침전된다. 그리고 그 침전물이 계속 쌓이고 쌓여 다른 습관이 형성된 내가 되고, 그 습관화가 거름처럼 삶에 영양분을 공급할 때 결국 우리의 삶은 꽃을 피우고 열매를 맺게 되는 것이다.

J. 주베르는 '가르치는 것은 두 번 배우는 것이다.'고 말한다.

일단 가르치기 위해 배운다. 내가 알아야 가르칠 것 아닌가. 그리고 가르치면서 자신이 아는 내용을 다시 말로 표현하게 된다. 결국 두 번 배우는 셈이다.

그러므로 자신이 알고 있는 것은 가르치고 나누는 게 미덕이다. 그렇게 남에게 가르칠 때, 정보 내용을 90%가량 이해할 수 있다. 『샐러던트 독하게 공부해야 살아남는다』의 저자인 고야마 류스케는 자신의 컴퓨터를 이용해서 다음과 같이 배운 내용을 이해했다.

① 회사 동료들에게 내가 배운 내용을 메일로 적어 보낸다.
② 가입해 있는 메일링 리스트(개인에게 보내는 우송광고)에
　배운 내용을 투고한다.
③ 메일 매거진에 배운 내용을 싣는다.
④ 블로그에 배운 내용을 정리해서 올린다.
⑤ 연재용 원고로 다시 정리한다.
⑥ 워크숍의 테마로 이용한다.
⑦ 세미나나 연수의 테마로 이용한다.
⑧ 책의 원고로 정리한다.

필자 역시 책을 쓰면서 가능한 많은 책을 소개하려고 노력한다. 그만큼 내 책을 읽는 사람이 나를 통해 또 다른 책을 접할 수 있는 기회를 만들 수 있기 때문이다. 그런데 어떤 분야의 책을 정리하다 보면 자료들을 모두 머리에 담을 수 없는 노릇이다.

그래서 필자 역시 앞의 이야기처럼 가르치면서 배우는 방법을 선호한다. 교육을 갔다 온다든지, 책을 읽으면 좋았던 내용을 메일로 지인들과 공유한다. 그리고 가끔씩 요청하는 잡지사에 묶어서 투고도 한다. 이 후 블로그에 배운 내용을 정리해서 방문한 사람이 모두 활용할 수 있게 공유로 올려놓는다. 필자의 블로그를 방문해 본 사람은 알 것

이다. 필자는 지식을 물에 비유하길 좋아한다. 어차피 오래 된 물은 증발한다. 더 나쁜 건 한 그릇에 고여 있으면 썩는 다는 것이다. 그리고 워크숍 강의를 진행한다거나 코칭을 할 때 테마로 사용한다. 그 중 기억에 남거나 반응이 좋았 던 것을 책의 원고로 정리한다. 처음에는 그냥 나눠 주자라 고 생각해서 시작한 일들이 이런 일련의 작업을 거치면서 책으로까지 나오게 되었다. 나눔을 실천하려고 시작한 일 이 참 역설적으로 가장 나에게 소중한 자산이 되어 돌아오 니 신기했다.

그러니 퇴근 후에 가능한 누군가에게 내가 배운 것을 나 눠주겠다는 마음을 먹고 만남을 가져보도록 해라. 믿지 않 을지 모르지만, 관심 분야에서 오늘 한 가지라도 새롭게 무 언가를 익힌 여러분은 이미 한 걸음 전문 영역으로 나아간 것이다. 혼자만 가지고 있으면 그 정보는 누구나 아는 일 상의 소재로 썩게 된다. 하지만, 나누려고 노력하면 달라진 다. 여러분이 준 정보를 필요로 하는 사람에게는 그것이 평 범한 기억력을 비범하게 만들고 사람에게 고마움을 느끼게 하는 이유가 된다. 그리고 고마움을 느끼는 인간관계가 삶 에 어떤 의미를 주는지 직접 경험해 보기 바란다.

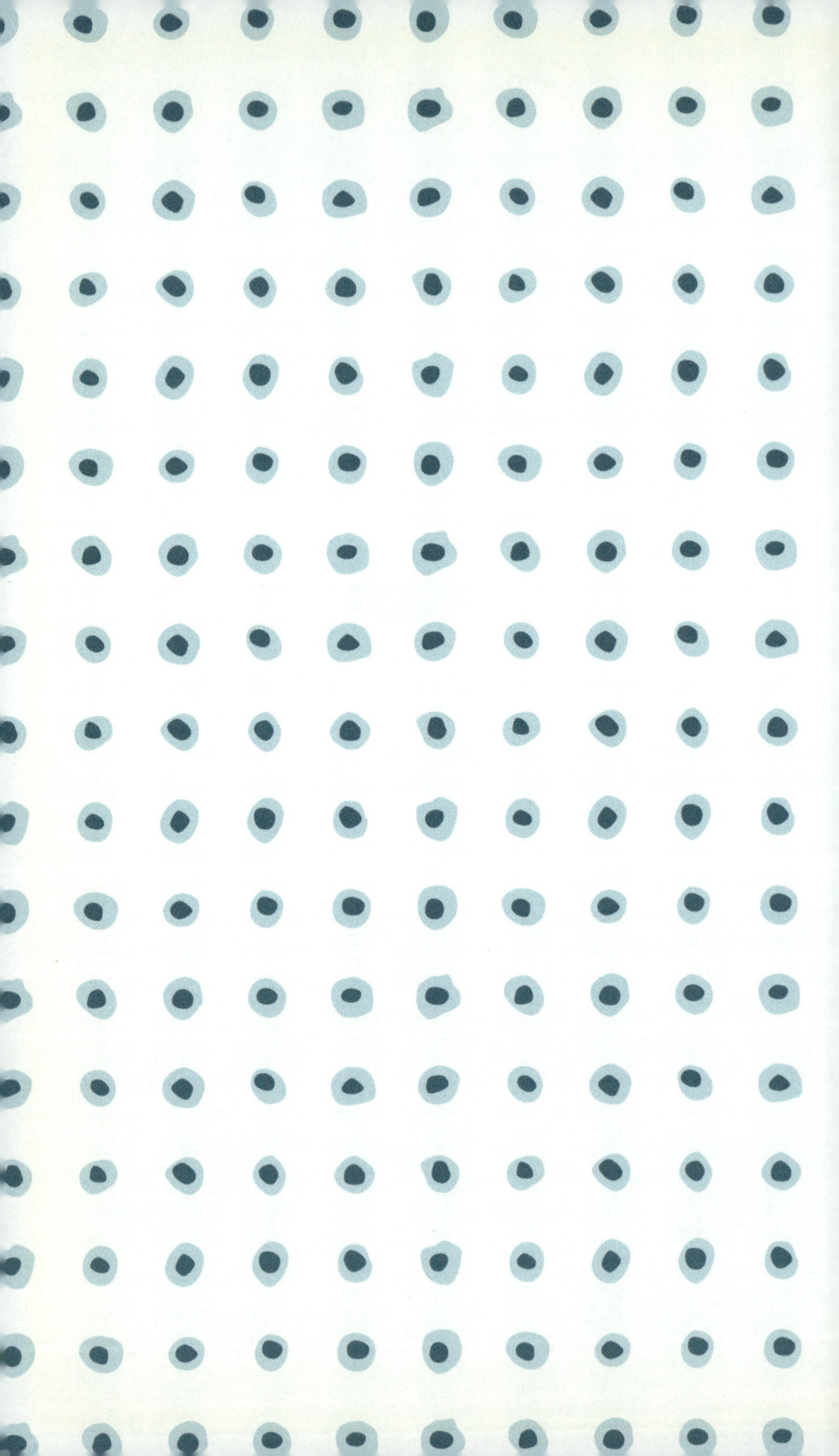

9to6를 앞당기는
토요일 오후 관리

금요일 오후는 여유 시간이 많지 않다.

맘 편히 놀아보겠다고? 그래봐야 대여섯 시간 정도다. 일요일은 다음 날 월요일의 부담감으로 오후부터 마음이 편치 않다. 그렇다면 결국 가장 많은 덩어리를 확보할 수 있는 시간은 토요일 오후가 된다. 무엇을 하든지 다음날이 일요일이라는 생각에 과감한 도전도 불사할 수 있는 때다.

회사생활을 하면서 풀코스 마라톤을 뛴다고 가정해 보자. 예전 같으면 '프로 선수나 하는 것'이라고 생각했을

지 모르지만, 주변을 둘러보면 자기 몸 관리에 철저한 사람들이 선택하는 종목쯤 된다는 사실을 알게 된다.(특히 몇 시간씩 단순 반복되는 동작이 필요한 만큼 삶이 규칙적이어야 마라톤도 잘 뛴다.)

풀코스를 준비하는 사람이라면 언젠가는 연습으로 반드시 20~30km의 장거리 저속 주법LSD : Long Slow Distance을 연습해야 한다. 천천히 뛴다면 시속 8~10km의 속도를 의미하는데 단순 계산을 해도 2~4시간이 소요된다. 주중에 언제 이런 장거리 주법을 연습할 것인가? 평소 단련한 체력이 아니라면 이 정도의 시간 투자를 통한 체력 소모는 클뿐더러 다음 날 오전에도 영향을 준다. 결국 토요일 오후 시간이 목표를 이루기 위한 절대 시간임을 느끼게 된다.

〈주말에 LSD 연습하고 있는 필자〉

다른 일도 마찬가지다. 정신적인 성숙을 이루고 싶다 하더라도, 1시간과 3시간의 차이는 단순한 3배의 차이가 아니다. 1시간은 워밍업하고 조금 글 쓰다 마는 시간이라면, 3시간은 쓴 글이 탄력을 받아 몇 장도 나아갈 수 있는 분량이다. 힘을 모을 시간이 필요하다. 육체 단련자라면 근육을 강화할 시간이 필요하고, 지식 노동자라면 생각할 시간이 필요하다. 발자크의 집필시간은 '시간 나면 틈틈이'가 아니고 매일 밤 12시 ~ 아침 8시 즉, 군중의 어리석음이 사라지는 시간이었다. 물론 그처럼 한 분야의 대문호가 되려면 매일을 투자해야겠지만 주말만이라도 8시간을 몰입해서 투자할 수 있다면 몇 권의 책을 내는 것도 전혀 불가능한 일이 아니다. 필자의 경험상 높은 몰입을 요구하는 일은 시간확보가 매우 중요하다. 매일 1시간씩 7일을 하는 것이 도움이 되는 분야도 있지만 한 번에 7시간을 몰입해서 하는 것이 많은 생산성을 보이는 것도 존재한다.

비즈니스 철학자로 불리는 게리 해멀은 이러한 덩어리 시간을 잃어가고 있음을 그의 저서 『꿀벌과 게릴라』에서 다음과 같이 이야기했다.

최근에 한 연구를 보면, 중간 관리자들은 하루 평균 190개의 메시지를 받고, 52회의 전화통화를 하고, 30개의 이메일과 22개의 음성메일, 18통의 편지와 15장의 팩스를

받는다고 한다. 옛날에는 누군가가 편지를 보내면 최소한
1주일 동안은 답장을 받을 기대를 하지 않았다. 하지만,
팩스를 보냈다면 다음날 답신을 기대한다. 요즘은 이메일
을 보내면 한 시간 정도 이내에 회답을 기대한다. 인스턴
트 메시징은 당신이 하던 일을 멈추고 즉시 대답할 것을
기대한다. 예전에는 비서가 메시지들을 보류시켰다. 하지
만, 기업의 다운사이징은 중간 관리자들이 접수와 자료정
리까지 손수 하게 만들었다. 때로는 이런 일들 때문에 더
욱 중요한 다른 일이 중단될 지도 모른다. 지식 노동자들
이 모여 있는 세계에서 실질적으로 생각할 시간을 낼 수
없다는 것은 얼마나 아이러니컬한 일인가?

게리 해멀의 말에 공감하지 않는가! 더 많은 것들을 더
빨리 알 수 있게 되었는데 왜 '생산성'은 항상 그대로일까?
말 그대로 가벼운 일을 '손쉽게' 처리할 수 있는 능력은 기술
의 힘을 빌려 발전했지만, '연쇄효과를 생각해 내는 능력'은
도처에 널린 기술이 오히려 방해 공작을 폈기 때문이다. 토
요일 오후는 이런 것들에서 과감히 벗어나는 훈련이 필요하
다. 하나의 주제를 가지고 연관되는 공부를 지속적으로 하
는 시간을 만들어야 한다. 덩어리 시간을 확보하는 것. 이것
이 주말의 누적된 힘이 되어 승부수로 전환될 것이다.

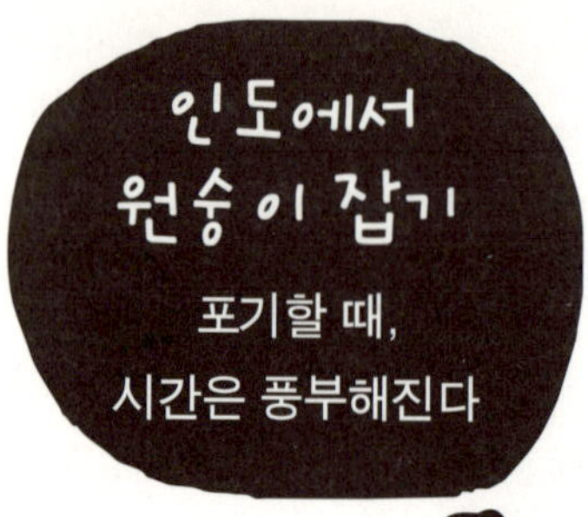

80세 노인이 매년 종합검진을 받기 위해 주치의를 찾아갔다.

몸 상태가 어떠냐는 말에 노인이 대답했다.

"최고지요! 지금보다 더 좋았던 적은 없소. 스무 살짜리 신부에게 새 장가를 들었고, 그녀는 지금 내 아이를 임신 중이라오. 어때요? 이 정도 건강이면 최고지 않소?"

의사는 잠시 곰곰이 생각하더니 입을 열었다.

"할아버지, 제가 친구 이야기 하나 들려 드릴게요. 이 친구가 사냥이라며 아주 사족을 못 쓰거든요. 아무튼 사냥철만 되면 한 번도 거르는 적이 없으니까요. 그러던 어느 날, 이 친구가 집을 나서면서 서두르다가 그만 실수로 사냥총 대신 우산을 움켜쥐고 나간 거예요. 그런데 친구가 숲 속에 도착했을 때, 바로 갑자기 커다란 사슴이 눈앞에 나타났습니다. 친구가 급한 마음에 우산에 장전을 하고 사슴을 겨냥해 방아쇠를 당겼지요. 탕! 사슴은 어깻죽지에 총을 맞고 바닥에 쓰러졌답니다."

"에이, 그게 무슨 말도 안 되는 소리요!"

노인이 소리쳤다.

"그게 아니라 옆에 있던 다른 사람이 총을 쏜 거겠지."

의사가 대답했다.

"바로 그겁니다."

여러분은 여러분이 맡은 일을 해내기에 적당한 능력을 지니고 있는가?

삶을 대처하는 두 가지 방식이 있는데, 하나는 '설마 산 입에 거미줄 칠까?'라는 속담을 믿는 사람이다. 실제 거미줄 치기 십상인 케이스다. 반대로 '산 입에도 거미줄 칠 수 있다!'라고 생각하는 사람은 굶지 않는다. 벌써 자신을 냉정하게 파악하고 대비책을 만들어 놓으려 하기 때문이다.

대부분의 사람들은 자신이 할 수 있는 일, 했던 일을 과대평가하는 경향이 있다. 자기 혼자 삽으로 산을 다 펐다느니 하는 거짓말은 군대가 민간인에게 끼친 부작용 중 하나다. (네가 우공이냐?) 그러면서도 겉으로는 겸손한 척 '제가 뭘…

저는 부족해서…….'라고 이야기 한다. 이래저래 힘들게 산다. 현실이란 시장에서 자신을 냉철하게 시험해 보지 않을 때 이런 착각은 매우 위험하다. 자신은 무엇이든지 다 잘할 것이라 생각한다. 어느 것 하나 포기하지 못한다. 그리고 포기하지 못하는 것을 움켜쥠으로써 결국 잘 할 수 있는 기회조차도 놓쳐버린다. 당신이 '무엇을 못 하겠다'라고 선언하는 것은 '무엇을 잘 하겠다'라고 선언하는 것 이상으로 훨씬 더 중요하다.

슈레시 파드마나반이라는 사람이 쓴 『I love money』라는 책에서 다음과 같은 재미있는 이야기가 나온다. '인도에서 원숭이 잡는 법'이라는 구절이다. 병의 목이 가는 두꺼운 유리병을 구한다. 다음에 땅콩을 고소하게 볶은 후, 볶은 땅콩을 유리병 속에 넣고 숲으로 향한다. 그리고 그 병을 옆으로 눕혀 놓는다. 게임 끝. 이제 사냥꾼은 가만히 숲 속 멀리에 앉아서 지켜보기만 하면 된다.

어떻게 이런 단순한 방법으로 원숭이를 잡을 수 있냐고? 원숭이는 볶은 땅콩의 냄새를 맡고 온다. 먹고 싶은 생각에 원숭이는 이것저것 잴 겨를 없이 바로 유리병 속으로 손을 집어넣어 땅콩을 쥔다.

이것을 멀리서 지켜보던 사냥꾼은 이제 어슬렁거리며 나타난다. 사냥꾼을 본 원숭이는 기겁을 한다. 집어넣었던 손을 빼내고 그냥 나무를 타고 올라가기만 하면 된다. 이런 단순한 상황임에도 불구하고 원숭이는 잡히고 만다. 왜냐고? 이미 눈치 챈 독자들도 있겠지만, 원숭이의 손이 빠지려면 손에 꽉 쥐고 있던 땅콩을 놓아야 하는데 땅콩을 놓지 않고 나무를 타려고 기를 쓰기 때문이다.

무거운 유리병을 한 손에 끼고 나무를 타기란 애초부터 불가능한 일인즉, 바로 사냥꾼의 포로가 되는 결과를 초래한다. 웃기는 이야기다. 하지만, 우리가 시간을 보내는 방식을 실제 가만히 들여다보면 자기 능력도 모르고 유리병을 손에 낀 채 나무를 타고 자유를 얻으려는 원숭이같을 때가 많다.

원숭이에게 정말로 중요했던 것이 무엇이었을까? 한 끼 식사도 되지 않는 간식 한 줌 정도의 땅콩이었을까? 아니면 자신의 평생 자유를 결정짓는 탈출이었을까? 답은 자명하다. 이 세상에 어떤 땅콩이 자유보다 소중하단 말인가? 하지만 원숭이는 판단하지 않았다. 다만 놓치기 싫은 땅콩을 끝까지 쥐고 있었을 뿐이다.

여러분은 어떤가? 필자는 막연한 자신감이 독이 될 수 있다는 두려움 때문에 자신에게 냉정한 편이다. 그리고 못하는 것에 대해서는 확실히 못한다고 인정한다. 살다 보면 다 잘하는 사람이란 애당초 없다는 생각이 든다. 내가 못하는 것까지 잘하는 척 하다가 큰 코 다치는 것 보다는 적당한 선에서 물러날 줄도 아는 것이 삶이다.

그래서 실제로 '모른다'는 말을 잘 하는 것만큼 좋은 것도 없는 것 같다. 왜 다 알아야 하나? 왜 다 내가 아는 것처럼 충고해 줘야 하나? 나 역시도 모르고 배우며 사는 사람일 뿐인데. 착각에서 벗어날수록 우리는 자유롭다.

이제부터 이야기해라. 모른다고 해라. 그리고 가르쳐 달라고 해라. 그리고 배우겠다고 해라. 여러분은 알아야 할 필요가 없는 것으로부터 자유로워지기 시작한다.

인터넷에 올라온 구직 고민 상담 댓글

Q 저, 일자리를 구해야 되는데, 딱히 할 만한 게 있나요?
추천 좀 해주시면 감사하겠습니다. 자격증 있습니다!
태권도 1단 하구요, 운전면허증 이렇게 두 개요.

A 태권도학원 운전기사 하면 되겠네.

필자는 샐러던트_{공부하는 직장인}로 살아남는 구체적인 방법
으로 '자격증' 취득을 권한다. 자격증의 소지가 프로의 모습

과 직결되지는 않지만, 최소 가이드라인의 기준은 된다. 모 회사의 인사담당자가 TOEIC 점수의 가이드라인을 제시하는 것은 영어 활용 수준이 아니라, 그 사람이 공부하는 동안 앉아 있던 엉덩이의 땀을 측정하는 '성실도 수치'일 뿐이라고 이야기했다고 한다.

TOEIC이 실용 차원의 검사라는 점에서 위의 발언이 문제의 소지는 다분하지만, '성실성'을 어떻게 측정할 것이냐의 차원에서는 유의미하다. 아마 많은 이들이 대학원을 진학하거나 야간 MBA 과정을 수료하려는 이유 중 하나가 자기관리 없이는 수료증 따기가 어려운 일임을 남들도 인정해주리란 생각 때문이다. 수료를 한다거나 자격증을 딴다는 것은 프로와 아마추어를 가르는 차이가 아니고, 기본이 없는 사람과 있는 사람을 필터링하는 정량적인 기준으로 활용할 수 있다는 의미다.

게다가 자격증 시험은 마감기한이 있어 참가자에게 준비하는 기간 동안 집중하는 환경을 조성한다. 기한이 정해진 시험을 위한 공부와 언제 올지도 모를 기회를 위한 공부의 차이는 크다. 본인의 집중과 잠재력을 끌어내기 위해서 자주 '시험'이라는 경쟁적 환경 속에 본인을 노출시켜 보길 바란다.

자격증 따려는 사람을 위해서 팁을 주자면 '끝을 생각하는 공부법'을 권장하고 싶다. 목적을 분명히 하고 시작한다면 전략을 명쾌하게 운용할 수 있게 된다.

'공부를 왜 하느냐?'는 질문에 중간 목표로 '자격증을 따기 위해서'라고 대답한다면 공부법이 간단해진다. '자격증을 따기 위한 공부법'을 활용하는 것이다. '취미로 그냥 시간이 남으니까'보다 당연히 전략적으로 움직이게 된다.

필자가 추천하는 자격증 취득 방법은 다음과 같다. 자격증이란 시험을 쳐서 얻는 하나의 증서이다. 누구에게 증서를 주느냐? 시험 점수가 높은 사람에게 준다. 고로 공부의 양과 상관없이 시험 점수만 높으면 된다.

먼저 관련된 분야의 문제집을 풀어본다. 그리고 그 결과를 중심으로 공부 계획을 세우는 것이다. 만약 문제를 풀어서 예상모의고사에 넉넉히 합격점수가 나왔다면, 굳이 추가 시간을 들일 필요가 없이 본 게임을 치르면 된다. 여러 과목의 점수에서 차이가 난다면 과락되는 과목을 집중적으로 투자한다.

그 다음에는 정답의 해설을 읽는다. 문제는 그 시험의 패턴을 가르쳐 주고, 문제의 답은 왜 그렇게 답이 나오는지에 대한 설명을 볼 수 있다. 따라서 문제집의 내용이 충실하면 충분히 합격할 수 있다. 좋은 문제집을 고르는 기준은 얼마나 답에 대한 자세한 해설이 있느냐로 볼 수 있다.

그 다음에 교재를 공부한다. 교재도 다 보는 것이 아닌, 문제집의 해설에 나왔던 내용들을 중복해서 다시 재확인

하는 정도만 한다. 이렇게 하면 '통째로' 외우겠다고 무작정 공부하는 것보다 훨씬 효율적으로 준비할 수 있게 된다.

추가로 샐러던트로 살아남을 수 있는 확실한 방법 중 하나가 지식재산권을 확보하는 일이다. 이러면 회사의 종속관계가 아닌 파트너로서 입지가 공고해진다. 특허를 낸다, 책을 쓴다, 외부 전문기관의 프로젝트를 성공시킨다. 그리고 프로그램을 개발한다. 이런 내용은 모두 경험을 보장받는 행위이다. 로버트 기요사키가 쓴 『부자 아빠, 가난한 아빠』에서 부자 아빠가 항상 강조하는 '자산'을 늘리는 일과 일맥상통한다.

일본에는 샐러리맨이나 주부 중에서도 지식재산권을 가진 사람이 많다. 한 주부는 미용실 드라이어기에서 아이디어를 얻어 속옷 건조기를 개발해 특허로 큰돈을 벌기도 했다. 이런 지식재산권은 든든한 보험이 된다. 위기가 닥치고 나면 늦는다. 당장 먹고 살 일이 걱정되지만 조직에 있는 동안은 상대적으로 시간적, 정신적, 그리고 물질적 여유가 있다는 사실을 잊지 말자.

필자는 IT 기술에 관심이 많은 편이다.

깊이 있는 지식이야 프로그래머에는 훨씬 못 미치겠지만 발전하는 IT가 어떻게 사람의 시간에 영향을 미치는지 그 파워를 실감하고 철저히 배워 응용한다.

따라서 IT 기술을 배우고 익힌다는 것은 향후 시간 관리에 큰 변수가 될 것 같아 실제 필자가 혜택을 보는 몇 개의 사례를 들어주고 싶다.

1. 분류법

요즘에는 컴퓨터를 활용한 작업이 많다. 과거 저장장치와는 비교가 안 되는 양이 보관 가능한데다, 검색 또한 쉽기 때문이다. 하물며 사용자가 분류해서 쓰는 방법을 알면 막강한 기능의 세계가 펼쳐진다.

일단 데이터는 OS^{Operating System}가 들어간 공간에 넣지 않는다. 대부분 C: 라고 된 공간에 OS가 설치되는데 문제가 생겨 다시 설치하게 되면 데이터를 백업하는 것이 보통 힘든 일이 아니기 때문이다.

처음부터 설정해서 분할된 공간에 데이터를 넣어놓으면 이런 고통을 피할 수 있다. 필자는 만약의 사태를 대비해 중요한 데이터라면 추가 외장형 하드를 이용해서 2중, 3중의 백업을 한다. 이렇게 하면 어느 하나가 문제를 일으켜도 큰 손실을 겪지 않고 다시 작업을 이어나갈 수 있다.

개인마다 소중히 여기는 데이터가 다르겠지만, 필자는 그 기준을 '다른 곳에서 얻기 힘든' 데이터를 중요도 별 다섯 개짜리로 분류한다. 개인적으로 찍은 사진, 글, 강의 기록이나 교육콘텐츠 등이 그것이다. 만약 아무데서나 쉽게 얻을 수 있는 자료라면 필요할 때 갔다가 쓰면 되니까 굳이 내 하드디스크에 저장할 필요가 없다.

데이터를 웹에 저장하는 웹하드라든지, 프로그램까지도

빌려 쓰는 클라우드 컴퓨팅 개념은 점점 많은 사람이 사용하는 대중적인 기술이 되어 가고 있다. 필자가 처음으로 이 기반에 대한 이야기를 전력 사용 방식의 변화와 비유해서 들었을 때, 대중화를 맞이할 수밖에 없겠다는 생각이 강하게 들었다. IT 기술에 관심이 많다면 인터넷 기반의 컴퓨터 기술을 익혀두면 큰 도움이 될 것이다.

2. 블로그 & 카페

블로그는 간단히 말하면 '공개된 개인 일기장'이라고 보면 된다. 필자는 관련된 책을 읽거나 강의와 관련된 내용을 정리해 놓을 때 블로그를 선호한다. 인터넷만 되면 언제 어디서든지 자료를 찾아볼 수 있을 뿐만 아니라 요즘에는 블로그 내 검색 기능도 강력하게 지원돼 몇 년 전 자료도 손쉽게 찾을 수 있다. 게다가 시간의 순서대로 누적이 되다 보니, 연도별로 자신의 관심사나 모았던 정보를 통해 달려온 길을 평가할 수 있는 소중한 자료가 된다. 따라서 자료를 잘 활용하려면 잡다한 정보를 무작정 올려놓지 말고, 체계적으로 분류하고, 만드는 콘텐츠의 질에도 관심을 가져야 한다. 혼자 보는 것이라면 상관없지만, 공개를 기반으로 한 것이니만큼 자신의 브랜드가 될 수 있다는 자세로 초기부터 관리하면 몇 년 후 상당한 자산이 된다.

참고로 자신의 블로그에 콘텐츠를 만드는 1% 다른 방법도 있다. 똑같은 시간에 글을 쓴다면 기왕이면 잘 쓰는 것이 낫다. 블로그 고수가 되기 위한 글쓰기 책을 만들 때 작성했던 콘텐츠가 있으니 살펴보면 도움이 될 것이다.

파워 블로거 되기 : 블로고수
http://yangcoach.com/90045661361

온라인 카페도 마찬가지다. 카페는 관심 있는 분야의 사람이 모인 집합소라서 연령에 상관없이 그 분야 고수들의 목소리를 들을 수 있다. 모르는 것을 배울 때는 잘 아는 사람에게 배우는 것이 제일 빠르다. 필자가 풀코스 마라톤을 완주하려고 마음먹었을 때 제일 먼저 한 일은 인터넷 마라톤 카페에 가입한 후 정모(정기모임)에 나간 것이다. 그리고 고수들에게 물어봤다. "어떻게 하면 되요? 그 다음은?" 시킨 대로 준비하고 완주했다. 참 간단하지 않은가? 당시 거구의 100kg에 육박하던 사람도 가르쳐 준 대로 하니 자기 깜냥대로 해내더란 말이다.

3. 구글 도큐먼트

구글이 제공하는 기능 중에 구글 도큐먼트라는 기능이 있다. 간단한 워드나, 프레젠터, 스프레드시트 등의 문서를 생성·저장하는 기능인데, 웬만한 기능들은 다 가지고 있으므로 인터넷만 되면 저장 장치도 필요 없이 바로 이어서 작업을 하면 된다. 파일이 중앙 서버에 보관되기 때문에 굳이 저장 장치를 들고 다니지 않아도 된다. 안정성도 뛰어나고 자료 검색에도 탁월하기 때문에 인터넷이 안 될 때를 대비해서 노트북이나 이동식 저장장치에 보관된 제작 문서들을 같이 올려놓고 사용한다.

게다가 여러 명과 공유할 수도 있어, 서로 공부한 내용들을 보완하면서 충실하게 다듬을 수도 있다.

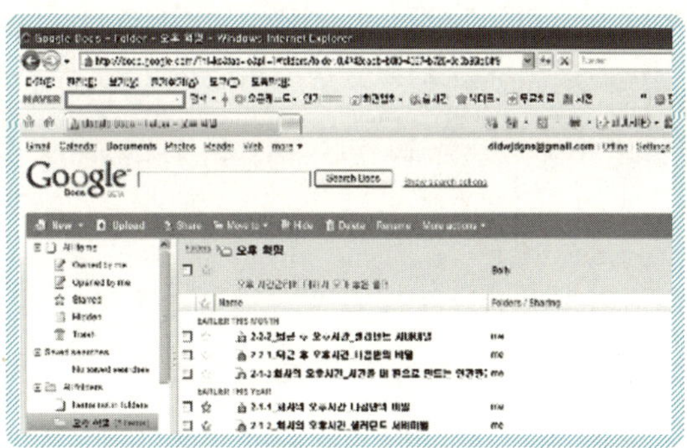

〈구글 문서로 작업하는 환경설정〉

이와 비슷한 기능으로 협업이 필요하다면 구글 그룹스를 활용한다. 연관된 게시글이 메일로 자동 발송이 되는데다가 자료의 제작과 공유가 편리하기 때문에 공동 작업인 경우에 구글 그룹스도 좋은 도구가 된다.

4. 휴대용 IT 기기

배가 아파서 공중 화장실을 갔다. 아뿔싸, 휴지가 없다. 이런 마당에 집에 휴대용 금티슈가 있다 해도 무슨 소용이 있을까? 대중 식당의 티슈 몇 장이 더 소중한 순간이다. 휴대용 IT 기기는 필요한 시점에 정보를 기록하고 분류해 주는 소중한 첨병의 역할을 한다.

IT 기기들이 휴대용으로 많이 출시되는 추세다. 따라서 이에 대한 사용법을 익혀 놓으면 원하는 시간에 추가 정보 입력이나 학습하는데 도움이 된다.

필자의 경우에는 주로 쓰는 데스크톱 컴퓨터 이외에도 휴대 가능한 노트북과 넷 북이 있으며 네비게이션이 되는 PDA와 PMP가 있다. 그리고 Mp3 플레이어로는 시계형과 귀걸이형이 있다. 십수 년씩 활용하면서 하나씩 업그레이드하고 기존 제품을 버리지 않고 백업용으로 활용하니 든든해서 좋고, 다 각자 쓰이는 자리가 정해진다.

일반 노트북은 장시간 출장 가거나 본격적인 강의나 출

간 작업을 할 때 편하고 넷 북은 잠깐 볼일을 보거나 아이들 영화 볼 때 사용한다. 게다가 노트북이 갑자기 A/S를 받아야 할 때도 넷 북이 있으므로 특강 정도는 무리 없이 소화할 수 있다. PDA는 주로 자전거 네비게이션으로 쓰지만 PMP, 네비게이션이 고장 날 때 아주 유용하게 사용한다. 게다가 PDA에 연결되는 포터블 키보드만 있으면 넷 북이 없어도 어디서든지 간단한 문서 작업을 하는데 전혀 문제가 없다.

넷 북이 없고, 노트북이 배터리로 2시간 정도 버틸 수 있던 시절, 8시간을 버틸 수 있는 PDA와 키보드의 궁합은 어느 강의를 가서도 강사의 말을 빠르게 받아 적는데 전혀 문제가 없었다.

〈집 근처의 공원에서 연습장과 PDA, 포터블 키보드로 작업하고 있는 필자의 모습〉

PMP는 주로 네비게이션으로 쓰지만 노래 부르기, 마술, 기타 사이버 대학 복습 과정 등의 학습 동영상을 수십 기가씩 넣어 놓아 자투리 시간에 틀어 본다. 게다가 TV에 연결하는 기능이 있기 때문에 외부에서 큰 화면으로 보여주어야 할 때에도 활용할 수 있다.

Mp3 플레이어도 시계형은 자전거를 타거나 강의 녹음할 때 사용하지만, 자체 귀걸이형은 끈이 필요 없는 관계로 헬스장에서 운동할 때 쓰면 아주 유용하다.(특히 취향에 안 맞는 노래가 헬스장에서 나올 때는 귀 보호용으로 정말 최고다.) 활동이 많은 사람은 Mp3도 그 움직임에 맞추어 선택하는 것이 좋다.

최근의 IT 기기들은 한두 가지씩 기능들이 겹치기 때문에 상호 보완이 가능하다. 백업용으로도 활용이 되니, 업무로 활용하려는 사람은 이 점을 염두 해 든든한 지원군으로 삼으면 된다.

단, 필자는 이런 기능이 모두 지원되는(학습, 어학, 동영상 시청, Mp3 시청) 게임기 활용엔 부정적이다. 게임기는 결국 다른 기능보다 게임을 하고 싶도록 만들어져 있는데 이를 '어포던스의 법칙'이라 한다. 뒤에서 자세히 다루도록 하겠다.

마지막으로 2대 이상의 컴퓨터로 작업을 원활하게 하려면 소프트웨어의 버전^{version}을 똑같이 맞추어 놓는 것이 좋다. 버전에서 차이가 나면 다른 한 쪽에서 작업을 이어서 할 때, 낮은 버전 쪽이 높은 버전에서 작업한 것을 못 불러들이는 경우가 생긴다.

휴대용 IT 기기의 백미는 역시 휴대폰이다. 금융거래를 할 때 어떻게 하는가? 최악의 경우는 밤에 ATM에서 돈을 찾는 것이다. 일단 장소를 찾아야 하고, 수수료도 최고로 비싸다. 차선은 낮에 거래 은행을 찾는 경우다.

최선의 선택은 인터넷 뱅킹이다. 수수료도 싸고 은행가는 시간도 획기적으로 줄일 수 있다. 하지만 인터넷 뱅킹도 컴퓨터가 있어야 하는 단점이 있다. 이것을 극복한 것이 휴대폰으로 금융거래를 하는 폰뱅킹이다. 다른 것은 몰라도 휴대폰만큼은 필수 커뮤니케이션 도구로 휴대하다보니, 휴대폰의 기능을 잘 활용할수록 부하가 높아진 부대장치 활용이 줄어들게 된다.

5. 마인드 매핑 소프트웨어

1시간이 걸리는 작은 그림은 아주 많이 망쳐도 괜찮다. 내일 또 그리면 되니까. 하지만, 10년이 걸리는 대작은 아주 사소한 부분이 작게 뒤틀려도 전체에 악영향을 미치는 결과가 나온다. 이것이 필자가 마인드 매핑 소프트웨어를 즐겨 사용하는 이유다. 마인드 매핑은 뇌가 도출하는 창의

성을 표현할 수 있는 방법이다. 마인드 매핑은 순간순간 연관되는 콘텐츠를 확장시킬 수 있을 뿐더러 큰 그림을 보고 균형을 잡는 데 아주 유용하다.

강의에 나가 보면 20대들은 이미 기초 교육의 하나로 배워서 익숙한데 반해, 30대 이상부터는 경험이 전무한 경우가 많아 마인드 매핑에 취약하다. 상상력을 표현하는 방법으로도 유용한 마인드 매핑을 접하지 못한 30대 이상이 창의적인 사고에 취약하다는 것은 결코 우연이 아니다.

마인드 매핑은 종이와 색깔 펜만으로도 충분히 할 수 있다. 필자도 컴퓨터가 없으면 급한 대로 종이와 펜을 이용해 그려 본다. 하지만, 필자는 양쪽을 다 해 보다가 마인드 매핑은 결국 IT쪽의 소프트웨어를 더 선호하게 되었는데, 그 이유는 편집의 강력함 때문이다. 시간의 순서대로 지금 생각난 것이 꼭 지금 필요한 것이 아니고 전에 생각났던 자료와 어울리는 것일 때 종이에 작성하면 지저분한 편집이 되지만, 컴퓨터로 만들면 끌어가고 끌어다 놓기만 해도(드래그&드롭) 깔끔하게 정리된다.

이 책도 실제 마인드 매핑을 이용해 큰 구조적 틀을 짠 후, 그 속에 살을 붙여나가는 과정을 거쳤다. 필자 역시 연관된 교육을 듣고 잘 쓰는 사람의 팁을 곁에서 보고 따라하는 정도의 중수 유저일 뿐이다. 하지만 이 정도만 쓰려고 한다면 드니 르보의 『생각 정리의 기술』이나 김준모의 『디지털 마인드맵』정도만 익혀도 충분히 사용할 수 있다.

마인드 매핑 툴만 구입하기에는 개인적으로 비싸다고 생각하는 사람은 관련 교육을 듣는 것을 추천한다. 1일 교육 내용 안에 툴 제공이 같이 포함되니 기왕 정품을 살 거면 교육도 듣고 프로그램도 사용하면 훨씬 큰 도움이 된다.

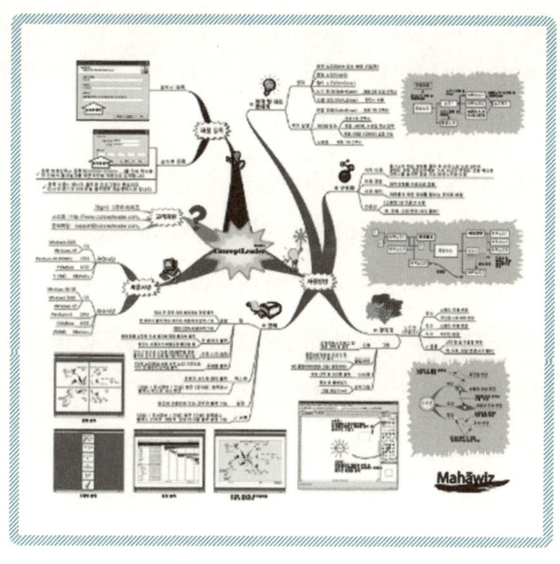

〈마인드 매핑 툴로 작성한 문서 사례들〉

6. 단축키

군대 시절에 같은 내부반에 한 후임이 있었다. 그 친구는 작전과 소속이었는데, 작전병이 주로 하는 일 중의 하나가 과다하다 싶을 정도의 워드 작업이었다. 주로 한글 프로그램을 썼는데 옆에서 보기 안쓰러울 정도로 많은 워드 작업량이었다. 한밤중에 일하기도 여러 차례였다. 그러다 이 친구가 조금이라도 잠을 더 보장받으려고 변화를 시도했는데, 그 방법 중 하나가 바로 편집에 관련된 단축키를 모두 외워버린 것이었다. 당시 그 친구의 워드 작업은 우리가 속칭 이야기 하는 '아트'였다. 간단히 표현을 하자면 관련된 문서를 일단 텍스트로 모두 다 치고 나머지 부분들을 모두 단축키로 편집을 하기 시작하는데 누르는 속도가 너무 빨라서 한참 후에야 컴퓨터에 작업 결과가 나올 정도였다. 10초 손 작업, 1분 후 화면에서 차례차례 문서화 되는 과정을 보며 '우와'하고 주변에서 감탄사가 터져 나왔다. 수면 연장의 절박함을 단축키로 보장받았던 것이다.

똑같은 IT기기를 다뤄도 사용법을 얼마나 아느냐에 따라 소요 시간은 천차만별이다. 특히 단축키를 많이 알수록 마우스에 손 가는 시간을 줄일 수 있다. 개인적인 생각이지만, 단축키의 사용에 따라 시간을 2~3배가량 줄일 수 있다고 본다. 특히 단순 반복되는 일에는 매크로란 기능을 활용하면 작업량이 많을수록 10배까지도 차이가 난다. 이런 기능들은 프로그램에서 메뉴를 띄우면 나오거나 도움말에도 나온다. 혹은 관련된 책도 시중에 많이 나와 있으니, 습득해 두면 투자된 시간만큼의 본전은 충분히 뽑을 수 있다. 특히 OS를 다루는 책은 한 번씩 나올 때마다 읽어두면 새로운 파워 팁을 얻을 수 있는데다가, OS는 MS의 프로그램을 사용하는 사람이 대다수인 만큼 윈도우의 단축키를 익혀 놓으면 두고두고 유용하게 활용할 수 있다.

주말은 손상된 인간관계를 회복할 수 있는 가장 중요한 시간이다.

한 주간 다른 이에게 부담을 주었다면 이제 회복할 수 있는 절호의 찬스가 온 셈이다.

스티븐 코비가 『성공하는 사람들의 7가지 습관』에서 이야기 한 멋진 이론 중 '감정은행 계좌' 이야기가 있다. 한 마디로 대인관계도 은행처럼 넣어 놓은 만큼 빼 쓸 수 있다는 이론이다. 은행으로 비유했으니, 평상시에 자신이 잘못한 일이 많다면 인출이 많이 된 것이고, 점수 딸 일을 많이

했다면 예금인 셈이다. 따라서 백만 원을 빼 쓰고 싶다면 백만 원을 적금해 놓아야 하는 것처럼 내가 누군가에게 10만큼의 도움을 받고 싶다면 먼저 10을 베풀어야 한다.

필자의 부끄러운 20대 시절 이야기로, 누군가에게 도움을 요청할 때 거절당하면 괘씸해하며 '어디 두고 보자'라는 마음을 먹은 적이 있었다. 하지만 지금에서야, 도움을 청하기 전에 내가 먼저 그 사람에게 도움 받을 만한 행동을 했냐고 스스로에게 물어보게 되었을 때 왜 거절당했는지를 알게 됐다.

자신의 처지를 냉정하게 살펴 보자. 자신에게 답을 찾지 못하면 인간관계는 영원히 바깥으로만 맴돌게 된다. 실제 실험을 해 보면 명확하게 알 수 있다.

괴로운 일이 생겨서 술 좀 사달라면 아는 대부분의 사람들이 나온다. 왜냐하면 나온다고 자신이 괴로워지는 것은 아니니까 측은지심에 그 정도 비용은 댈 수 있기 때문이다. 그러나 좋은 일 생겼다고 술 사달라면 누가 나올까? 특히 그 성공이 클수록 대부분이 핑계를 대고 안 나간다. 상대방의 성공에 진심으로 배 아파하지 않고 자기 돈까지 내며 축하해 줄 수 있다면 대단한 인간관계다. (물론 반대로 좋은 일 생긴 사람이 쏘겠다고 하면 배 아프지만 일단 먹자는 사람도 많이 섞여 나온다.)

다음 질문에 답해 보자.

첫 번째 케이스

- 급한 일이 생겨서 10만 원씩 빌리려 한다. 몇 명에게 빌릴 수 있다고 생각하나?
- 더 급한 일이 생겨서 100만 원씩 빌리려 한다. 몇 명에게 빌릴 수 있다고 생각하나?
- 진짜 급한 일이 생겨서 1,000만 원씩 빌리려 한다. 몇 명에게 빌릴 수 있다고 생각하나?
- 정말로 중요하고 급한 일이 생겨서 1억 원씩 빌리려 한다. 몇 명에게 빌릴 수 있다고 생각하나?

이왕 질문을 받았으니 현실적으로 솔직하게 적어보기 바란다. 채우면서 공통점이 있을 것이다.

첫 번째 공통 사항. 밑으로 내려가는 질문일수록 사람 수가 적어질 것이다. 큰 도움을 받으려 할수록 사람의 수가 적어진다는 것을 알 수 있다.

다음 질문은 위와 비슷하지만, 조금 상황을 바꿔보겠다.

두 번째 케이스

- 급한 일이 생겼다며 10만 원을 빌리려 사람이 왔다. 몇 명에게 빌려 줄 수 있나?
- 더 급한 일이 생겼다며 100만 원씩 빌리려 사람이 왔다. 몇 명에게 빌려 줄 수 있나?

- 진짜 급한 일이 생겼다며 1,000만 원씩 빌리려 사람이 왔다. 몇 명에게 빌려 줄 수 있나?
- 정말로 중요하고 급한 일이 생겼다며 1억 원씩 빌리려 사람이 왔다. 몇 명에게 빌려 줄 수 있나?

역시 현실적으로 채워보자. 두 번째 공통 사항은 첫 번째와 비슷하다. 밑으로 내려가는 질문일수록 사람 수가 적어진다는 것이다. 아마 마지막 질문에는 형제, 자매조차도 망설이는 케이스가 꽤 있을 것이다.(세 번째 질문에서도 막혔다고?)

재미있는 것은 세 번째 공통 사항이다. 바로 첫 번째 케이스의 숫자가 동급의 두 번째 케이스 숫자보다 많다는 것이다. 즉 대부분의 착각은 자신에게 친절을 베풀어 줄 수 있는 사람이 자신이 친절을 베풀어 줄 사람보다 항상 많다고 생각한다. 왜 그럴까? 자신의 돈은 조금을 꿔 줘도 소중하고 신중하게 생각하는데, 남에게 받을 수 있다(혹은 받아야만 한다)고 생각하는 혜택은 아주 쉽게 생각하기 때문이다. 여기에서 갈등의 골이 생긴다. 모두 이런 생각을 하니 아쉬움과 오해만 커지게 된다. 자기가 베푼 코딱지만큼의 친절은 코끼리만큼 크게 생각하고, 남이 베푼 코끼리만큼의 친절은 코딱지 정도로 여기게 되니, 받은 친절도 대수롭지 않게 여기게 된다. 이래서 나 이외의 대부분의 사람은 '괘씸한' 것이다. 실제 그 사람이 '괘씸한' 것이 아니고 그렇게 생각하는 여러분의 '뇌'가 괘씸함에도 불구하고 말이다.

감정은행 계좌의 개념을 이해했다면 내가 상대방에게 필요한 만큼의 도움을 받기 위해서 그동안 무슨 예입을 했나 철저히 분석해 본다. 나의 관점을 바꿔야 한다. 나의 작은 친절은 상대방이 느끼기에도 작은 친절일 뿐이다. 그 이상을 기대하고 크고 빠른 효과를 보겠다는 것 자체가 도둑놈 심보다. 관점을 이해했다면 기다릴 줄 알아야 한다. 통장의 잔고가 마이너스에서 원점으로 돌아오고 다시 플러스가 될 때까지 피지 않은 꽃에 물을 주듯 끊임없이 보살펴야 한다.

여러분이 좋은 감정을 가지고 있는 상대방을 떠올려 보자. 그의 무엇인가가 우호적인 사람으로 비춰지게 했을 것이다. 작은 친절, 약속 지키기, 배려하는 말투, 경청하는 자세, 베풀려고 하는 마음 등. 그렇다. 바로 그것이 여러분의 몫이다.

스티븐 코비는 주로 예입 수단으로 1. 상대방에 대한 이해심 2. 사소한 일에 대한 관심 3. 약속의 이행 4. 기대의 명확화 5. 언행일치 6. 진지한 사과 등을 들었다. 뒤로 갈수록 어려워진다. 특히 진지하게 사과한다는 것은 큰 용기를 필요로 한다. '사과를 하면 진 것'이라는 편견으로부터 나온 피상적 사과는 진정한 감정회복에 전혀 도움이 되지 않는다.

더 중요한 것은 지속해야 한다는 것이다. 만약 여러분이 큰 금액의 감정 마이너스 통장을 가지고 있다면 더더욱 그렇다. 5년 동안 술 먹고 행패만 부리던 남편이 우연히 좋은 책이나 교육을 듣고 개과천선해서 집에 온다. 아내에게 "여보 그 동안 힘들었지? 내 이제부터 잘 할게" 하며 약속한다. 하지만, 아내는 마음의 문을 닫고 한 달 동안 여전히 남편을 비난하며 경계한다. 한 달 동안 개과천선을 위해 노력했던 남편은 마침내 폭발한다.

"뭐지? 내가 이렇게 변했는데, 아직도 날 몰라줘? 이렇게 답답하게 살 바에 그냥 나 하고 싶은 대로 하고 살 거야!" 라며 다시 깡패 남편으로 돌아온다. 아내는 뭐라고 할까? 정답은 "네 놈이 그럼 그렇지"이다.

5년이라는 시간 동안 마이너스 감정 통장을 파 왔는데, 이제 겨우 30일 정도 메웠다고 빚 다 갚은 것처럼 억울해 한다면 정작 억울해야 할 사람은 남편이 아니고 그런 사람 고른 배우자다. 인간관계의 골이 깊어졌다면 원상복구 하는 데도 그 정도의 노력과 시간이 필요하다고 인정해야 한다.

효성이 깊은 삼형제가 멀리 떨어져 혼자 지내시는 어머니를 그리워하며 생일 선물을 준비했다.

선물을 보내기 전날 맏형이 이야기했다.

"난 어머니께 새롭게 집을 사 드리려고 해. 많이 늙으셨으니까 이제는 넓은 집에서 사시면서 편히 쉬실 때가 되었잖아?"

둘째가 이야기했다.

"형, 난 최신 벤츠를 사 드리려고 해. 다리가 많이 불편하셨을 텐데, 이 기회에 기사까지 붙여서 풀 세트로 보내 드리려고. 이제 편하게 다니실 수 있을 거야"

그러자 효심이 지극한 막내가 비웃듯 이야기했다.

"쳇! 형들은 아무것도 몰라. 어머니께서 얼마나 신앙이 깊으셔? 나는 내 전 재산을 다 털어서 희귀한 앵무새를 구했지. 이 앵무새는 성경 구절을 모두 외웠거든. 그래서 눈이 침침하신 어머니께서 성경책을 읽기 힘드실 때 몇 장 몇 절 이야기만 하면 앵무새가 바로 다 암송해 드릴 수 있단 말이지!"

세 형제는 각자 자신이 준비한 선물을 정성껏 보내드렸다. 일주일 후 어머니에게 답장이 왔다.

"얘야 너희들의 선물 모두 잘 받았다. 하지만, 대부분 쓸모없더구나. 큰 아들이 새로 사준 집은 너무 넓어서 나 혼자 다 청소하느라 하루 종일 허리가 휘겠다. 그리고 둘째야. 넌 내 취향이 벤츠 아닌 거 모르니? 웬 유지비가 그리도 많이 드는지… 그리고 같이 보내 준 기사 역시 불친절해서 원 불편하기 짝이 없구나…"

이어지는 어머니의 답장

"하지만, 막내야. 네가 사 준 선물은 정말 뜻 깊고 고마웠단다. 어쩜 막내는 이렇게 어미 맘을 잘 아는지…. 아무튼 네기 보내준 닭은 내가 여태까지 먹어 본 닭 중에 제일 맛있었단다. 엄마 금방 기운 차리고 더 씩씩하게 사마."

상대방에게 무엇이 필요하냐고 물어는 보았는가? 보통은 자신이 필요하다고 생각하는 것이 남이 필요할 거라고 단정 짓는 경향이 있다. 친절은 대부분 자신의 기준으로 베풀기 때문이다. 어머니에게는 큰 집과 번쩍이는 자동차

보다 몸보신 할 수 있는 닭 한 마리만 있으면 최고였던 것
이다.

　소와 사자의 사랑 이야기가 있다.

　　사자와 소가 있었습니다.
　　둘은 너무나 사랑했습니다.
　　그래서 둘은 결혼하게 되었습니다.
　　그리고 서로 최선을 다하기로 약속했습니다.

　　소는 날마다 최선을 다하여
　　맛있는 풀을 가져다
　　사자에게 대접했습니다.
　　사자는 싫었지만 참았습니다.

　　시자도 날마다 최신을 다하여
　　맛있는 살코기를 가져다
　　소에게 주었습니다.
　　소도 괴로웠지만 참았습니다.

　　하지만, 참기에는 한계가 있었습니다.
　　둘은 어느 날 마주앉아 이야기를 하게 되었고
　　사자와 소는 다투었습니다.
　　그리고 끝내는 헤어지게 되었습니다.

　　사자와 소가 헤어지며 서로에게 남긴 한 마디 말은

"난 최선을 다했어!"입니다.

필자는 자신의 입장에서 '최선'을 다하는 것이 무슨 의미가 있을까를 생각해 본다.

각자의 입장에서 생각하고 정성스럽게 건넨 풀과 살코기는 서로에게 고역일 뿐이다. 필자 역시 '이거면 저 사람이 만족하겠지' 하는 것을 주면서 살았다. 밥을 살 때도 있었고, 영화를 보여줄 때도 있었다. 그러면서 왜 사이가 나아지지 않는지 이해하지 못했다. 문제는 사자에게 풀을 퍼 먹인 나에게 있었다. 아내에게도 아이들에게도 무엇이 필요한지 묻지 않고 지레짐작으로 퍼주니 원하는 점수를 따기가 어려웠던 것이다. 물어봐야 한다. 그럼 어떤 순서와 내용으로 물어보면 될까? 세스고딘, 말콤 글래드웰 등저의 『The Big Boo ^{빅부}』에 다음과 같은 구절이 있다.

〈유명한 성(Sex)치료 상담가의 치료 프로세스〉

1. 무엇을 원하는지를 물어보아라.
2. 원하는 것을 주어라.
3. 만족했는지 물어보아라.
4. 만족했다면 다시 주어라.

우리가 놓치는 인간관계의 프로세스의 첫 단계는 바로

'상대방의 입장에서 상대방이 원하는 것에 관심을 기울이
고 있는가?'이다.

인생에서 성취하는 거의 대부분은 내가 아는 사람과 나를
아는 사람에 의해 결정된다.

브라이언 트레이시

경찰관이 규정 속도를 위반한 차량을 멈춰 세웠다.
"죄송합니다. 80km 구간인데 지금 시속 150km로 달리
셨군요. 면허증 주십시오."
그러자 운전석에 있던 남편이 이야기했다.
"죄송합니다만 면허가 없습니다."
"뭐요? 그럼 무면허로?"

그러나 아내가 얼른 입을 막으며 이야기했다.

"여보, 지금 무슨 말을 하는 거에요? 이 사람은 술만 먹으면 이렇게 횡설수설 한답니다. 신경 쓰지 마세요."

그때 뒷좌석에 있던 늙은 노인이 앙칼지게 외쳤습니다.

"거 봐라! 내가 훔친 차로는 멀리 못 간다고 했잖아!"

시중에 떠도는 이 유머엔 '끼리끼리 법칙'이라는 거창한 원리가 숨겨져 있다. 일과 관련해서 여러분이 가장 많이 시간을 보내는 사람을 10명만 뽑아봐라. 윗사람이든, 아랫사람이든 협력업체든 상관없다. 그리고 그 사람의 연봉을 대략 계산해서 더하고 평균을 구해봐라. 그것이 지금 여러분이 받는 연봉의 수준일 것이다.

몸값을 올리고 싶으면 몸값이 높은 사람과 어울려라. 이것이 간단한 '끼리끼리 법칙'이다. 그런데 주중에는 이린 모임이 힘들다. 잘해야 한두 시간의 특강을 듣고 맥주 한 잔 하러 가는 정도다. 다음날 짜인 일정이 있기 때문이다.

하지만 토요일 오후 시간은 10시간가량을 완전히 사용할 수 있는 만큼 심도 있는 모임이 가능하다. 그래서 대부분 성공한 사람들이 모이는 전문가 미팅이 토요일 오후에 많다.

필자는 한 달에 한 번 유명인들이 참석하는 강의에 꼭 간다. 특히 기업 마인드를 가진 '사업자들의 모임'은 유용하다. 성과를 더 높일 수 있는 방법과 기회를 찾고자 참석하기 때문에 시간을 무척이나 소중하게 생각한다. 따라서 프로그램의 질이 낮으면 절대 용서하지 않는다. 이런 사람들과 어울리면 목표 성취에 한 걸음 더 바짝 다가설 수 있다.

따라서 어떤 식으로든 자신이 되고자 하는 전문가 모임을 찾아서 그들과 어울려라. 지금 내가 가진 것이 별 볼일 없을지라도, 열정을 가지고 꾸준하게 봉사하면서 같이 지내겠다는 굳은 의지를 보이면 대부분의 성공자들은 반갑게 맞이해 준다. 아주 단순한 논리인데, 그들도 늙어가기 때문에 자신의 네트워크를 탄탄히 다지기 위해서는 역시 성공하려고 하는 젊은 사람의 도움이 필요하다는 것을 본능적으로 알기 때문이다.

그들을 만나서 무엇이 필요한지 물어봐라. 내가 제공할 준비가 되었다면 게임이 시작된다. 만약 준비되어 있지 않다면 잘 할 수 있는 사람을 소개시켜 주고 아주 낮은 일부터 봉사해라. 요지는 열정이고, 경계해야 할 건 알량한 '자존심'이다. 어디를 졸업했고, 어디를 다니고, 내가 원래는 무슨 대접을 받는 있는지는 중요하지 않다.

나이를 불문하고 한 분야의 전문가이고 해당 분야의 리더라면 웬 초짜가 나타나서 도움을 청하기는커녕 거들먹거리며 자랑이나 늘어놓거나, 자기 의견만 내세운다면 어떻겠는가? '그래 고생 한번 실컷 해봐라'는 반감만 쌓이게 될 것이다.

2008년 가을부터 코치 활동을 같이하는 사람끼리 대학로에서 '오아시스 세탁소 습격사건'이라는 연극 연출자에게 연극 수업을 받은 적이 있다.(필자의 꿈 중 하나가 뮤지컬 배우가 되는 것이다. 아무튼 꿈과 관련되어 보내는 시간은 행복하다.)

필자가 제일 나이가 어린 축이었는데 대부분 10년에서 20년은 연배가 높은 한 분야의 전문가들이었다. 대부분 사업을 하거나, 기업의 CEO이거나 대기업에서 잔뼈가 굵은 사람들이다. 책과 방송으로 익히 유명했지만, 연극을 배운다는 관점에서는 모두 초보였다. 그런데 이들의 배우는 자세가 큰 귀감이 됐다. 방바닥을 데굴데굴 구르고, 큰 소리로 발성 연습을 하고, 풍선을 튀기며 돌아다니고, 대본을 마룻바닥에서 짜면서 이들에게 기존의 권위란 찾아볼 수가 없었다. 배우는 데 높낮이가 없는 이들의 모습에서 진짜 마음에서 우러나오는 권위가 보였다. 배워야 한다. 특히, 가치 있는 사람과, 소중한 사람과 함께 배워야 한다. 그렇게 자신의 삶을 만든다면 어제와는 다른 삶이 펼쳐질 것이다.

Part 4

신나는 월요 페스티벌을
위한 일요일 오후 관리

미치도록 재미있게 만드는 요소는 무엇일까?

스릴이다. 인간의 궁극적인 삶의 목적이 행복이라고 하는데, 요즘 직장인들에게 일하는 행복은 스릴의 여부와 관련이 있다.

스릴을 얻기 위한 한 가지는 지루함을 날리는 일이다. 여러분이 지루할 때는 언제였는가? 끝도 없이 이어지는 무의미한 야근에, 반복되는 생활 속에서 의미를 찾지 못할 때 등 다양할 것이다. "지금 이렇게는 싫어!"라고 외치는 순간, 삶에서 스멀스멀 배어 나오는 지루함의 향기를 맡고 있지는 않은가?

필자에게 세상에서 제일 괴로웠던 순간이 언제냐고 물어본다면 힘든 프로젝트, 이루지 못할 것 같은 도전, 인간 관계라고 이야기하지 않는다. 바로 군에 입대하자마자 신병 대기소에서 3일 동안 처박혀 있던 시간이었다고 고백하겠다. 도대체 뭘 하지도 못하게 하고, 읽지도 못하게 하고, 그냥 멍하니 앉아 있다가 시간이 되면 밥 주고 옷 주고 하는데 뭘 해야 할지 도무지 감이 잡히지 않았다. 시계바늘을 누가 보이지 않는 실로 묶어 놓은 것 같았다. 사이드 브레이크가 걸린 차가 언덕길을 오르는 것처럼 하루가 지나갔다. 3일이 3개월 같이 느껴졌다. 이런 것이 군대생활이라면 정말로 탈영하겠다는 생각이 들었다.

드디어 3일이 지난 후에 입소를 해서 야산을 깎는 작업을 처음 했는데, 너무 기뻐 미친 듯이 일했다. 무엇인가 해야 할 일이 있고, 해야만 하는 일이 있다는 것이 아드레날린을 폭발시켰다. 그 이후부터는 시간이 정말 빨리 갔다. 남들이 겪은 만큼 힘든 일이 있었지만, 그 역시도 지루함에 비하면 아무것도 아니었다.

사람에게 열정과 삶의 의미를 찾으라고 권할 때 그것은 흥분과 동의어인 셈이다. 필자가 가장 재미있게 보았던 코미디 액션 영화 중 하나가 아놀드 슈워제네거가 주연한 〈트루 라이즈〉다. 주인공인 해리는 겉으로 신실한 월

급쟁이지만, 사실은 비밀 임무를 수행하는 첩보원이다. 행복해 보이는 이 가정에 위기가 닥치는데 바로 주인공의 아내인 헬렌이 살짝 다른 남자에게 빠질 뻔 한 사건 때문이다. 남자의 원래 직업은 중고자동차 판매원. 이 허풍쟁이 판매원이 해리의 아내를 꾀는 방법은 딱 한 가지, '스릴'이었다. 자신이 '첩보원'이라고 속이면서 아내를 그 '놀이'에 동참시켰던 것. 무료한 일상에 있던 아내는 대번 그 제안을 수락한다. 아내가 결정적인 순간에 다시 돌아오기는 하지만, 헬렌이 쉽게 일탈했던 이유는 그곳에 '흥분'이 있기 때문이었다.

〈그저 난 신나게 살고 싶을 뿐이고~〉

어려운 일이라도 '흥분'을 주면 어려운 규모만큼의 대형 어드벤처가 된다. 남들이 미쳤다고 할 만큼 말도 안 되는 일을 밤을 꼴딱 새가면서, 포장 만두 꾸역꾸역 먹어가면서 일 하는 사람을 본 적 있지 않나? 도전 과정 자체를 즐기는 것이다. 그것이 의미 있는 스릴이 되는 것이다. 그러니 불쌍하다고 만두 뺏고 시간 뺏으며 근사한 정식 사주지 마라.
그것은 흥미를 반감시키는 반역 행위니 말이다. 롤러코스
터의 경사는 급할수록 근사한 법이다. 놀이동산에서 소리
치는 사람 불쌍하다고 어린이 전망 열차처럼 땅 위에서 8자
로 깔아주면 퍽도 고마워하겠다.

월 스미스 주연의 〈히치〉라는 영화에서 다음과 같은 명
대사는 가슴을 때렸다.

하지만, 이것만은 기억하세요.
인생은 당신이 들이 쉰 숨의 양이 아닙니다.
인생은 당신을 숨 막히게 하는 그 순간이라는 것을……

이제 질문을 바꾸겠다. '여러분은 무엇을 원하는가?' 말
고, '무엇이 여러분을 흥분시키는가?'로. 재미를 찾아라. 그
것이 결국 지속적으로 자신이 할 수 있는 도전거리가 될 수
있다. 도적들에게 부모님을 여의고 복수의 칼날을 갈면서
산속에 숨어 무예를 연마하는 영화는 그만 보자.

요즘에는 산에 그렇게 숨어서 지내는 사람 다 찾아서 산
림 훼손죄로 내쫓을뿐더러 복수하고 난 후에는 뭐 하고 살
건데?

대부분의 사람은 일부러 시간을 내서 생각하려 하
지 않는다.
내가 국제적인 명성을 얻은 것은 한 주에 두 번 생
각했기 때문이다.

조지 버나드 쇼

휴대폰을 가지고 있는가?

Mp3, 카메라, 다이어리 기능, DMB, 각종 게임 등 이제
휴대폰 하나로도 할 수 있는 일이 엄청나게 많아졌다. 하지
만, 사용하는 사람의 수준은 천차만별이다. 같은 값을 주고

도 어떤 사람은 먼저 휴대폰의 매뉴얼을 꼼꼼히 숙지한다. 그리고 그 내용을 충분히 연습하여 기능을 100% 활용한다.

하지만 다른 어떤 사람은 같은 휴대폰을 사 놓고도 기껏 할 줄 아는 것이 통화와 문자 확인 정도다. 어떻게 이런 일이 생길 수 있을까? 바로 대상의 기능을 얼마나 철저히 알고 시작했느냐 그렇지 않느냐의 차이다.

다음은 두 명을 비교한 사례 연구다. 모두 실존 인물이다.

첫 번째는 세상에서 가장 한가로운 사람의 일대기이다.

매일 운동과 산책을 즐김 / 한 해 평균 60여 차례의 공연관람 /
동료, 후배, 지인들에게 편지쓰기 즐김 / 수면은 평균 8시간

멋지다. 얼마나 시간이 남으면 매일 운동하고 산책하고 그것도 모자라 매주 1~2회씩의 문화 활동을 하면서 지인과 친구들에게 편지 쓰기를 즐길까. 그러면서도 하루 평균 8시간 잠을 잔다니……. 마치 백수로 생활하거나, 엄청난 유산을 받아서 한가로이 인생을 즐기는 한량의 모습이 띠오른다.

다음은 가장 힘들고 바쁜 시기를 보낸 한 곤충 학자의 일대기이다.

자국 러시아의 격변기(전쟁 시기)에 생애 / 전쟁에서 두 아들이
전사함 / 학회에서 정치적 이유로 따돌림 당함

이런 삶을 살면서도 그가 이뤄냈던 업적은 실로 놀랍기
만 하다.

생전 70 권의 학술서적 저술 / 12,500장의 연구논문 작성 (단
행본으로 치면 100권) / 한 해에만 표본 35상자에 1만3천 마리의
곤충 표본 만듦 (개인적 수집 자료가 러시아 동물연구소가 보
관한 자료보다 6배가 많음.)

어떻게 한 인간이 이렇게 힘든 와중에서도 방대한 업적
을 이뤄냈을 수 있었을까? 아까 한량의 삶과 비교해 본다면
정말 비교되는 삶이 아닐 수 없다.

필자가 이 두 사람을 소개한 이유가 뭘까? 놀라지 마시
길. 이 두 사람은 실존 인물이면서도 두 사람이 아닌 한 사
람의 이야기다. 이 곤충학자는 누구일까? 한 번 맞춰보길
바란다. (곤충학자라고 제발 파브르라고만 이야기 하지 말자. 러시아
사람이라고 미리 말했잖은가?)

바로 1890년에 태어나 1972년까지 82세로 세상을 마감
한 러시아의 알렉산드로 알렉산드로비치 류비셰프의 이야
기다. 똑같이 삶을 살아도 이렇게 많은 일을 이뤄내면서 여
유로운 삶을 사는 사람이 있는 반면에 스스로 별로 이룬 것

이 없다고 한탄하면서 정신없이 쫓기며 사는 사람이 존재한다. 이 차이는 무엇일까?

류비셰프의 일대기를 보면 그는 철저한 자기 평가의 대가였다. 만 26세에 처음으로 자기 자신과 약속해서 시간 통계를 내겠다고 마음먹은 후 죽을 때까지 기록을 멈추지 않았다. 그리고 수많은 시행착오를 거쳐 47세가 되어서야 (21년의 실험기간이 있었던 셈이다.) 제대로 된 체계를 갖추기 시작했는데. 그의 연말결산을 보면 다음과 같은 문구가 있다.

'제1분류의 업무는 원래 570 단위 시간으로 계획되었는데 564.5 단위 시간밖에 채우지 못함. 5.5 단위 시간이 부족한 1%의 오차가 남'

즉 그는 철저한 자기 분석을 통해 한 해에 책은 몇 권이나 읽었는지, 매년 독서량이 늘고 있는지 줄고 있는지, 그 중 학술 서적과 문학 서적의 비율은 어떤 추이를 나타내고 있는지, 이동한 시간과 운동하는 시간이 어느 정도가 되는지를 파악해서 내년도의 계획을 짤 때 이를 반영했던 것이다. 여기에는 막연한 기대치도 없고, 환상도 존재하지 않았다.

70세가 넘어서도 다양한 분야(수학, 분류학, 진화론, 곤충학, 과학사)의 연구를 벌려 놓고, 각 분야에서 현저한 업적을 이뤄냈던 원인은 철저한 자기 분석을 통한 계획 및 실천이었던 셈이다.

필자도 이런 정도의 분석과 분류, 계획까지는 세워놓질 못한다. 그러나 매달 한 번씩의 자산 관리 체크와 매주 1회 사명서 점검에 따른 주간 계획 정도는 실제 접목해 본다. 그리고 이것을 기반으로 세부 계획을 짜고 점검한다. 매주 진행하는 규칙적인 운동과 독서량, 글쓰기, 강연의 분량, 향후 자산의 크기를 어느 정도 예측할 수 있는 수준에는 도달하게 되었다. 꾸준히 이렇게 하면 새로운 일이 생길 때 어느 정도 시간이 걸릴지 조금 더 빨리 파악할 수 있다는 큰 장점이 생기게 된다.

적당한 계획만 세워도, 맡겨진 임무를 다 소화하면서 1달 만에 책을 낸다두지 6개월 만에 남들 밥 먹는 것만큼 먹으면서 운동으로 체지방을 한자리 수치로 떨어뜨리겠다는 등의 헛소리는 안 하게 된다.

우리는 어떤가? 스스로에 대해서 얼마나 알고 있을까? 자신이 현재 어떻게 변하고 있는지, 일에 대한 열정, 취향, 관심사가 어떻게 바뀌고, 일을 처리할 수 있는 능력이 어떻게 증가 혹은 감소되고 있는지 눈치 채고 있을까?

나에 대한 철저한 이해 없이 나를 기막히게 잘 활용할 수 있으리라는 생각은 몽상에 불과하다. 앞서 말했던 휴대폰 기능 100% 활용하기보다, 훨씬 값나가는 자신에 대해서는 무슨 기능이 있고 어떻게 작동하는지 관심을 기울이는 사람은 많아 보이지 않는다.

시인과 촌장의 『가시나무 새』라는 곡이 있다. 시작이 '내 속엔, 내가 너무도 많아'이다. 그렇게 많이 들어 있는 '나'는 뭘까? 멋없게 '그야 1인칭 대명사지'라고 이야기 하지 말고, 나답게 이야기 해 보자. 그러려면 나를 찾으려는 시간을 가져야 한다. 휴대폰 안의 멀티 기능을 찾기 전에 내 속에 너무나 많은 나를 찾는 시간을 가져라. 그러기 위해서는 자신을 알도록 시간을 갖는 게 중요하다.

그렇다고 어느 시점에 나를 특정 지으려는 노력은 무의미하니 명심하기 바란다. 그것 역시 시간이 지나면 어제의 나이기 때문이다. 나를 찾아가는 과정에서 나를 규명한다는 것은 나를 찾지 않는 것만큼이나 어리석다.

토머스 에디슨은 '최상의 사고는 고독 중에 이루어지며, 최악의 사고는 혼란 속에서 나온다.'고 했다. 필자도 나를 알고 남에게 자신을 알게 하는 시간을 가지기 위해서 납골당, 템플스테이도 가보고, 코칭을 받고 코칭도 한다. 뭘 해도 상관없이 생각하는 시간과 공간을 확보하라는 주장에는 변함이 없다.

고독이 우리의 친구가 되면 자아가 찾아올 때가 되었다는 신호다. 자꾸 찾아가야 내가 보인다. 생각하는 시간을 두려워하지 마라.

필자는 이런 이유 때문에 자신의 생각을 글로 기록하는 것이 매우 중요하다고 이야기한다. 일기 형식도 좋고, 보도 새퍼의 성공일지, 줄리아 키메론의 모닝 페이지 형식도 좋다. 중요한 것은 내가 생각하고 느낀 것을 자꾸 기록해 봐야 내가 보인다는 사실이다. 기록은 외부에서 하는 심리 검사보다도 훨씬 방대한 이야기를 담아낼 수 있다. 그리고 자신의 감정에 변화가 있을 때 자기 자신에게 물어보는 것도 좋다. '지금 왜 나에게 이런 감정이 들었을까?, 이것은 나에게 어떤 의미일까?' 질투여도 좋고, 은근한 기쁨이어도 좋다. 중요한 것은 어떤 상황에 내가 반응했다는 것이다.

코칭 시간에 자신이 존재하는 이유인 사명서를 작성하는 프로그램을 진행해 보면 대부분의 사람들이 하루 이틀 사이에 나름의 삶에 대한 의미를 부여한 결과물을 만들어 내더라는 것이다.

무슨 의미냐면, 마음만 먹으면 일요일 하루 정도를 통해서 매번 자신의 의미를 알아가고 탈바꿈할 수 있다는 뜻이다. 어떤가? 나를 알아가는 과정이 TV 프로그램 편성표 알아가는 과정보다 흥미진진하다면 해 볼 수 있지 않을까?

이 글을 보는 사람의 반응도 제각각일 것이다. 하지만, 그 역시도 자신을 찾아가는 중요한 반응의 재료가 될 수 있다는 것은 부인할 수 없는 사실이다. 내가 감동을 받았다면 왜 이 구절에서 그렇게 느꼈을까를 생각해 보고, 내가 이 구

절에서 불편함을 느꼈다면 왜 그랬을까도 생각해 본다. 인
생관리라는 측면에서 한 걸음 더 나아가게 될 것이다.

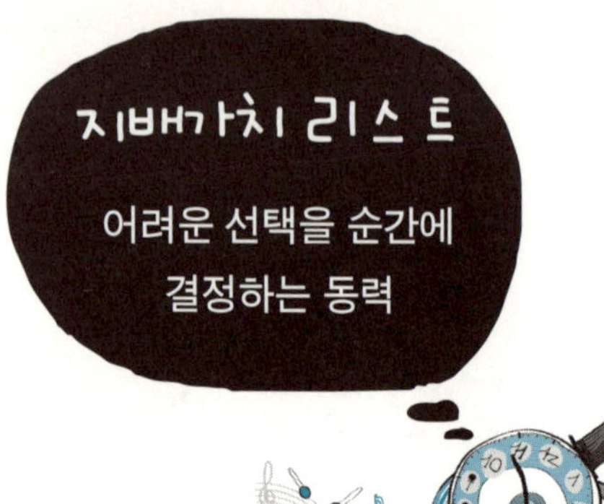

지배가치란 무엇인가?

우리가 살아가면서 우선하는 가치이다. 이것이 강력한 이유는 말 그대로 지배^{Governing}하기 때문이다. 매슬로우는 가치관과 일상적인 행동의 일치를 '자아실현'이라고 불렀다. 내가 중요시 여기는 순서로 살라는 조용한 명령이다.

예를 들어보자.

벤저민 프랭클린은 22살에 '내 인생에서 가장 우선순위에 있는 일이 무엇인가?'를 고민했다. 깊은 사색과 반성을 거치며 12가지 덕목의 가치관을 세우고, 이후에 친구에게 보여주고 검토를 받아 '겸손'을 추가했다.

　　그의 가치관 중에 '절약'이라는 가치관을 세우고 다음과 같은 설명을 넣었다. '비싼 것은 사지 않는다. 다만 다른 사람에게 좋은 것이면 산다. 낭비하지 않는다.' 그의 자아실현은 검소한 생활이다. 다음 사례도 보자.

　　침묵 : 다른 사람이나 나에게 도움이 되지 않는 말은 하지 않는다. 시시한 대화는 피한다.

　　어떤가? 자아실현을 위해서 시시한 모임을 피하고 말을 아끼는 그의 모습이 떠오르지 않는가? 이것이 지배가치의 힘이다.

　　필자 역시 하이럼 스미스의 『성공하는 시간 관리와 인생관리를 위한 10가지 자연법칙』과 『인생에서 가장 소중한 것』을 읽고 믿음, 사랑, 열정, 도전, 긍정이라는 지배가치를 만들었다. 누구에게나 해당되는 좋은 덕목이지만, 내 삶에 최우선 순위가 있다면 무엇일까를 염두 하고 내린 판단이다. 지배가치가 정해지면 하나의 행동을 결정할 때 무척이나 쉽다.

　　먼저 '긍정'을 선택한 이유는 부정적인 모습과 긍정적인 모습 중에서 미래를 바라보는 확신에는 긍정이 낫기 때문이다. 부정적인 사람에게 희망이 오는 것을 보지 못했다. 내 얼굴에 확신이 서야 다른 사람도 나를 믿게 된다. 그래서 필자는 일단 어떤 일이든지 잘 될 거라고 생각한다. 그리고 만약에 결과적으로 일이 잘 안 됐다 할지라도, 다음에 생길 어떤 일을 위해서 소중한 거름처럼 쓰일 거라고 믿는다. 그런데 이런 삶의 모습이 내 주변 사람들에게 큰 힘이 될 뿐만 아니라 격려가 필요한 사람과 이야기할 때 그대로 전달이 된다.

그 다음에는 '도전'이라는 지배가치를 세웠다.

아무리 좋고 긍정적인 상황이라도 내가 도전할 일이 아니라면 재미가 없어지기 때문이다. 넘어야 할 고개가 없다면 나의 지배가치 면에서 어울리지 않기 때문이다. 건강을 위해 헬스장에 간다. 그리고 여유롭게 웃으며 사람들과 덕담을 나눈다. 긍정적이고 좋은 일이다. 하지만 몸은 그런 식으로는 발달하지 않는다. 어제 들었던 양보다 조금 많이 들고 조금 더 자주 들어야 그 저항을 이기기 위해 근육이 발달하게 된다.

긍정적이면서 이루기 위해 노력하고 도전해야 하는 것들이 생긴다면 그때부터 필자에게는 가치 있는 것이 된다. 돌이켜보면 장애물이 필자에게는 몸과 정신을 단련해 준 고마운 스승이다.

다음이 '열정'이란 지배가치다. 도전이 될 정도로 어려운 일이라면 내 가슴을 뜨겁게 하고도 남아야 한다. 긍정적이고 도전이 될 정도로 어려운 일이지만, 가슴에 뜨거운 것이 올라오지 않으면 안 된다. 남들이 이야기 하는 특정 분야의 도전이 대단하다고 느껴지지만, 내 것이 아닌 것처럼 느껴지는 것들이 있다. 예를 들어 도전하는 사람들의 프로그램을 볼 때 어떤 사람은 명요리사가 되기 위해서 긍정적으로 생각하고, 나름대로 힘든 도전 과제를 거친다. 대단하다고 생각하지만, 나는 그 과정에 뛰어들고 싶지는 않다. 필자의 경우엔 요리를 하면서 가슴이 뜨거워지지는 않기 때문이다. 어렵게 매뉴얼을 배우고 도전하여 첨단 기계를 만들고 작동시키는 사람이 나오는 방송 프로그램을 보면 대단하다고 생각하지만, 해보고 싶은 생각은 없다.

무작정 도전이 되기만 하는 삶 속에 가치가 있는 것은 아니다. 이런 순서로 사랑과 믿음까지 올라간다.

가끔 과부하가 걸리면 선택의 기로가 찾아온다. 깊은 사고를 요할 때 필자는 가끔 지배가치를 꺼내 들고 하나씩 맞춰본다. 누구나 하나씩 이런 가치관을 가지고 있을 것이다. 우리는 그것을 흔히 낮추어 '개똥철학'이라고 부른다. 하지만 나의 삶으로 비추어 볼 때 개똥철학은 이름만큼 지저분한 가치관이 아니다. 어떤 합당한 가치관이라도 그것을 지키면 개인 철학이 된다. 개똥철학이 지저분해 지는 경우는 자신의 철학이 안 지켜지는 삶을 살았을 경우다. 말 따로 행동 따로, 그럴 때 개인의 철학은 진짜 개똥이 된다.

시간 관리를 말할 때 왜 지배가치가 중요하냐면, 어려운 선택을 할 때 이런 자신의 기준이 빠른 선택을 내릴 수 있는 동력이 되기 때문이다. 시간도 훨씬 절약할 수 있고, 후회도 훨씬 적다.

지배가치를 찾아보자. 세상의 좋은 명사형 단어를 뽑아서 (컴퓨터 파일에 적든지, 프린트를 하든지, 덕목 카드를 하든지, 죽 뽑아서) 한번 방바닥에 펼쳐 놓자. 그리고 그 단어들을 여러분이 알고 있는 좋은 친구들이라고 여기고 세상에서 단 한번밖에 없는 여행을 떠난다면 누구를 데리고 갈 것인지 죽 일렬로 세워보자.

여러분이 중요하다고 생각하는 가치는 오직 여러분밖에 모른다. 이런 작업을 평일에 회사에서 하겠나? 아니면 퇴근 후 친구들 만나서 할 수 있겠나? 지배가치를 뽑는 시간은 몇 주일이 걸리는 작업도 아니다. 주말을 투자해 한 번만 자신을 돌아보고 정리해 놓으면 그 이후로 가치관이 180도 바뀌지 않는 이상 지배가치도 거의 바뀔 일이 없다.

당신이 더 나아지는 것이 아니라면, 당신은 더 나빠지
고 있는 것이다

팻 라일리 NBA 마이애미 히트 감독, 미국농구 명예의 전당 헌액

인생을 롤러코스터나, 산, 마라톤으로 비유하곤 한다.
공통점은 무엇일까? '굴곡'이다. 오르막길과 내리막길이
끝없이 반복된다.

'엔트로피 증가의 법칙'이란 물리학 원리가 있다. 사람
에게도 적용되는 삶의 원칙인데, 언덕길을 오르는 자전거

를 떠올려보면 된다. 자전거에 특별한 힘을 가하지 않으면서 있어야 하는데 그렇지 않다. 모든 변화는 엔트로피가 증가하는 방향, 즉 무질서가 증가하는 방향으로 변하기 때문이다. 간단하게 표현하자면 물속에 잉크를 떨어뜨리면 어떻게 되는가? 불규칙한 움직임으로 퍼지게 된다. 와해되는 것은 자연스러운 자연현상이다. 자전거로 오르막길을 열심히 오르는데, 힘을 빼는 순간 자연스럽게 뒤로 미끄러지게 되어 있다.

사람도 마찬가지다. 놓아두면 좋은 습관도 녹이 슬고, 날카로웠던 의지도 무뎌지는 법이다. 공든 탑이 무너지면 노력도 아깝지만, 시간 또한 상당한 낭비다. 그래서 프로들은 남들이 휴식이라 여겨지는 순간에도 '감'을 잃지 않으려고 최대한 노력한다. 프로야구나 축구 선수들이 전지훈련을 떠나는 것이나, 발표를 마친 학자가 집에 돌아와 새로운 책을 읽으며 머리를 정리하는 것이 이런 식의 예방 활동에 속한다. '감'을 잃으면 원상복구하는데 너무 많은 시간을 축내야 한다는 걸 그들은 이미 잘 안다.

반대로 정상의 자리에서 짧게 머물다가 내려오는 사람은 그 자리에 취해 자신을 쇄신하는 기회를 잃기 쉽다. 그래서 우리 역시도 끊임없이 역방향으로의 에너지 투입이 필요하다. 쇄신하는 과정이 필요한 것이다.

이것을 '부의 엔트로피negative entropy'라고 한다. 사람에게는 어떤 과정이 필요할까?

『성공하는 사람들의 7가지 습관』에서 스티븐 코비는 이 것을 4가지 영역의 차원으로 다뤄, 신체적 쇄신, 사회/감정적 쇄신, 정신적/지적 쇄신, 영적 쇄신으로 나눈다. WHO^{세계보건기구}에서 정의한 건강의 의미 (건강이란 단순히 질병이 없거나 허약한 상태가 아닐 뿐 아니라 신체적, 정신적, 사회적, 영적으로 완전하고 역동적인 상태이다. Health is a dynamic state of complete physical, mental, social and spiritual well-being and not merely the absence of disease or infirmity.)와도 일맥상통한다.

즉 근육만 나오고 심장만 튼튼하다고 건강하다는 의미가 아니다.

이런 의미가 생소하다면 쇄신의 차원에서 위의 스티븐 코비의 책이나, 짐 로허·토니 슈워츠의 『몸과 영혼의 에너지 발전소』등이 도움이 될 것이다.

핵심은 '하는 것'이다. 하지 않으면 단순히 멈춰있는 것이 아니라, 쇠퇴하는 것이다.

필자는 자전거를 타는 것을 포함해 일주일에 3번 정도는 어떤 식으로든 운동을 한다. 매일 책을 읽고, 플래너 앞에 사명서로 역할을 검토한 후 가장 소중한 사람의 삶을 우선하고 그들을 위해 시간을 보내거나 메일링을 한다. 이 모든 것이 많은 양은 아니어도 꾸준히 함으로써 쇄신의 기능을 한다.

그럼 얼마만큼 쇄신하면 될까? 집에 있는 자동차 유지비(주유비, 세금, 보험료, 정비비용)와 차와 관련해서 쏟는 시간만큼 쇄신하면 된다. 책이든, 운동이든 좋다. 차를 닦고 관련된 용품을 사고, 운전을 하는 만큼 소중한 사람과 시간을 보내라. 생명 없는 쇳덩어리에도 죽고 못 살 정도로 시간과 정성과 비용을 쓰는데, 그만큼만 살아 있는 나 자신과 주변 사람에게 쓰면 몇 곱절로 돌아오는 것이 세상 이치다.

차가 없다면 차 있는 옆집에 물어보면 가르쳐 준다. 그만큼 쇄신의 비용으로 써라. 다시 한 번 이야기 하지만, 훈련은 그 이상의 가치가 있다. 훌륭한 선수에게는 정신 훈련과 근육 훈련이 필수적이고, 학자에게는 지적 훈련이, 성공하는 사람에게는 양심과 지배가치에 대한 훈련이 절대적으로 필요하다. 여태까지 하지 않았거나 잘못했다고? 상관없다. '잘못은 우리를 발전시키는 훈련'이라고 W. E 채닝이 이야기하지 않았나?

나는 환경의 지배를 믿지 않는다. 성공하는 사람은 자신
이 원하는 환경을 찾아내고, 찾아낼 수 없는 경우에는 스
스로 그런 환경을 만든다.

조지 버나느 쇼

물 흐르는 장면을 상상해 보자.

무엇인가 자연스러운 느낌이 들지 않는가? 위에서 아래
로, 실개천에서 강으로, 강에서 바다로, 그야말로 '물 흐르
듯' 한다. 그런데 이 위력이 엄청나다. 자연스럽게 물이 흐

르는 것은 물이 그렇게 흘러갈 수밖에 없는 환경 때문이라는 점에 주목해야 한다.

단순한 실험을 해보자. 만약 여러분의 손에 뽁뽁이가 주어진다면 무엇을 하겠는가? 바닥에 얇게 깔아 두고 5층에서 뛰어내리겠다고 딴죽을 걸 수도 있지만, 대부분은 손톱으로 터뜨릴 것이다. 휴지가 몇 개 들어간 쓰레기통이 보이면 자연스럽게 그곳에 쓰레기를 던지기 시작한다. X-box 게임기나 닌텐도 게임기가 연결되어 있는 TV를 보면 자연스럽게 플레이 버튼을 누르게 된다.

이것이 '어포던스'란 개념이다. 디자인을 공부하는 사람에게도 중요한 어포던스의 개념을 개인 환경에 적용해 본다. 자연스럽게 내가 이루고자 하는 것을 기반으로 환경을 조성해 본다. 필자가 가장 감탄했던 사례 중 하나가 있는데, 그룹코칭에 참가했던 한 사람이 지적 성장을 이루기 위해 스스로 어포던스의 법칙을 활용한 케이스였다. 지금은 코치로도 활동하는 김수연 씨란 분이 지적 성장을 목표로 정한 후 가장 먼저 큰 책장을 산 것이다. 덩그러니 비어 있는 흰 책장을 보면서 가장 먼저 무엇을 하고 싶겠는가? (파먹고 싶다고? 흰개미인가?)

책을 사서 채우고 싶을 것이다. 그러다 보니 점점 집에 책이 많아지고 자연스럽게 책을 읽는 환경이 조성됐다.

공부를 하려면 도서관에 가는 것도 마찬가지다. 조용한

실내, 적당한 온도, 책의 고유한 냄새. 책장 넘기는 소리, 특유의 긴장감과 함께 각각의 학문에 몰두하는 사람. 이것이 도서관 환경이다. 집중하고 작업하는데 도서관만 한 장소가 없다.

필자는 작업을 하려면 가능한 책이 많은 곳을 선호하는데, 집의 개인 서재는 입맛에 맞는 대신, 인터넷이 된다는 취약점이 있다. 넓고 방대한 정보를 찾는 데 도움은 되지만, 인터넷은 도서관이 주는 집중력이 결여되어 있다. 도서관은 개인적으로 많이 갈수록 정신이 맑아지는 느낌이 든다. 그래서 그리스 속담에 도서관은 '영혼의 약^{Medicine}들을 모은 상자'라고 한다.

〈일단 오면 꽤 하게 될 수밖에 없다. 필자의 노트북과 함께〉

만들어진 환경은 사람을 그 환경에 적응시키도록 한다. 필자는 TV를 거실에서 안방에 가져다 놓아 영화 볼 때만 쓰는 브라운관으로 사용한지 몇 년이 넘었다. 휑뎅그렁한 거실에는 방에 이어 서재를 만들어 놓고 책을 가득 채웠다. 그렇게 환경을 꾸미고 보니, 아예 집에서 TV를 본다는 것이 낯선 느낌이 들 정도다. 물론 좋은 프로그램이 많다는 것을 알고 있지만, 책보다 훨씬 영양가 없다고 판단한바 득을 위해서 TV를 치워버린 것이다.

워낙 TV의 마력이 강해서 가끔 필자도 식당이나, 강의를 위해 나간 숙소에서 방송 프로그램을 접할 때면 정신없이 웃고 떠들면서 시간을 보냈음을 깨닫게 된다. 어떤 환경에서도 능히 자신의 일을 방해받지 않고 수행할 수 있는 사람이 아니라면 환경을 먼저 바꿔보는게 어떨까? 능률이 오르는 자신을 발견할 수 있다.

한 아버지가 딸의 침실에 들어갔다가 침대에 놓인 한 통의 편지를 발견했다.

아버지는 최악의 상황까지 각오하고 떨리는 손으로 봉투를 열었다.

"사랑하는 아빠, 엄마. 남자 친구와 함께 달아난다는 사실을 이렇게 편지로 알려야 하다니 너무 안타깝고 미안해. 나 진정, 사랑하는 사람을 발견했거든. 16살이란 내 나이와 36살이라는 그의 나이는 문제가 아니라는 것을 깨

달았어. 특히 그의 등에 있는 문신, 그리고 몰고 다니는 오토바이는 너무나 멋져.

게다가 난 그의 아이까지 가졌어. 그이는 숲 속에 있는 컨테이너에서 행복하게 지낼 수 있을 거래. 아이를 많이 원하는데, 나도 그래.

참, 알고 보니 대마는 전혀 해로울 거 없더라고. 뒤뜰에다가 재배해서 친구들이 나눠 피재. 대신 친구들은 헤로인과 코카인을 주기로 했어. 돈 걱정 같은 건 안 해도 돼. 그이 친구들이 어느 지하실에서 나를 주인공으로 영화를 찍겠다고 했거든. 출연료는 한 편당 100만 원씩이나 돼. 거기에 또 세 명 이상의 남자들과 함께 찍으면 추가로 100만원을 보너스로 준대. 엄마 걱정은 하지 마. 나도 이제 16살이야. 내 몸 간수 정도는 할 줄 알아. 언젠가 때가 되면 엄마와 아빠한테 손주 보여주러 찾아갈게.

엄마 아빠를 사랑하는 딸이…"

P.S) 아빠, 속았지? 나 지금 옆집 친구네 집에서 TV 보고 있어. 난 그냥 세상에 딸이 수학에서 낙제하는 것보다 더 끔찍한 일이 많다는 것을 알아줬으면 한 거야.

딸이 있는 부모라면 이 이야기가 어떻게 들렸을까? 생각만 해도 눈앞이 캄캄해지고 아찔해질 것이다. 괘씸한 마음에 쫓아가서 머리채를 쥐어 잡겠다고? 당신은 아빠로서 실격이다. 배려심 많은 딸 덕분에 지금 곁에 있어주는 사람의 소중함을 알게 된 것이다.

시간을 낭비하는 사람은 두 가지 착각을 한다. 오늘처럼 내일이 올 것이라는 착각과 오늘 내 곁의 사람들이 또 내일을 함께 할 것이라는 착각이다.

언제나 최악의 순간을 생각하라. 그리고 항상 그보다 나은 지금 내 곁을 지켜주는 사람을 사랑하라. 사람은 망각의 동물이라, 주위의 소중함을 당연하게 생각하는 습관이 있다. 실제로 그것은 공기나 물처럼 전혀 당연한 것이 아님에도 말이다.

필자도 글을 쓰고 생각하고 노력하지만, 가끔씩 둔감해질 때가 있다. 그럴 때마다 딸들이 일깨워준다. 지금의 소소한 행복이 영원히 지속되지 않는다는 것을. 그래서 필자가 글을 쓰고 있는 시점에서 딸들과 아내와 같이 하는 잠자리는 더할 나위 없는 행복이다. 투정과 아픔, 시샘 또한 이 순간 아니면 지켜보지 못한다. 하물며 사랑과 배려, 애교와 미소는 오죽하겠는가? 항상 소중한 사람을 생각해라. 조직을 위해서 뼈를 묻겠다고 하는 사람이 많지만, 실제 뼈를 묻는 사람을 본 적은 없다.

여러분은 사랑하는 가족을 위해서는 진짜로 자신의 뼈를 묻을 수 있다. (과격한 사람은 타인의 뼈까지도 묻을 것이다.) 위험한 철길로 뛰어들 수도 있다. 높은 탑 위로도 올라갈 수 있다. 그런데 왜 꼭 위험한 일이 닥쳐야만 하겠다는 건가?

그것이 마지막일 수도 있는데? 내일 그런 일이 일어날지도
모른다고 생각하고 지금 이 순간 최선을 다해 그들과의 삶
을 공유해라.

상대방을 비아냥거리기 좋아하는 사람이 우연히 교통사고를 당해 세상을 떠나고 말았다.

친국의 문 앞에 도착하니 베드로가 나와 그를 보고 퉁명스럽게 말했다.

"오호라~ 이게 누구신가? 당신의 행동을 잘 보고 있지. 유감이지만, 이곳에서는 자네 같은 사람은 환영하지 않네!"

"하지만, 선생님!"

그 사람은 베드로를 잡고 급하게 이야기했다.

"믿기 어려우시겠지만, 저는 꽤 괜찮은 사람입니다.

"그래? 그럼 증거를 대보게. 지금까지 한 착한 일은 뭔가?"

"예. 저는 지난달에 굶주리는 아프리카의 어린 아이들을 위해 국제기구에 3천 원을 기부했습니다."

"또?"

"음… 아, 두 달 전에는 불쌍한 고아를 본 적이 있어 2천 원을 깡통에 넣어 주었습니다."

"또?"

"음… 잘 생각나진 않지만…"

"알았네, 알았어!"

베드로는 주머니를 뒤적거리더니 5천 원을 면상에다 던지며 이야기했다.

"야! 이제 꺼져!"

자신이 한 몇 가지 적선으로 난 괜찮은 사람이라고 스스로를 위안하는 삶에 대해서 어떻게 생각하는가? 그 정도는 요즘 누구나 한다. 사소한 베풂으로 자신의 인성이 상대방에게 영향을 미칠 수 있다면 대단한 착각이다.

스스로에게 물어보자. 천국의 문 앞에 도달한다면 그 문을 통과하기 위해서 얼마나 많은 것을 이야기 할 수 있는지 말이다. 차라리 베풀지 못한다면 착한 척 하지 말고, 굳이 저 문을 통과하려고 애쓰지 말자. 천국에도 공짜 빵은 없다.

베풀겠다고 마음먹었으면 가치 있는 것을 베풀어라. 상대방이 그럴 만한 가치가 있다고 생각되면 상대방의 예상을 뛰어넘게 베풀어라. 그리고 감동시켜라. '이런 것까지 내가 받아도 되나?'라고 느끼게 해 줘라. 그렇지 않으면 천국의 문 앞에서 베드로가 주머니를 뒤적거릴 때 냉큼 도망쳐라. 최소한 얼굴에 동전 세례는 면할 수 있다.

이럴 때 유익한 것이 '상호이익성의 법칙The Law of Reciprocity' 이다. 어렵다면? '친절을 되에 담아서 주는 것이다.'라고만 기억하면 된다. 그러면 보답은 '말'로 돌아온다.

못 믿겠다고? 말을 받아본 적이 없다는 이야기인데, 그렇다면 되로 준 적이 있는가? 이해를 돕기 위해 한 번 예를 들어 보자. 지금 내가 베풀 수 있는 돈이 생겼다. 누군가를 도와줄 수 있다면 이 돈으로 누구를 도와주고 싶은가? 여러분 기준에 100 이상의 도움을 준 사람만 도와주겠다고 생각하겠는가?

살펴보니 내 주변 사람 모두가 그 기준에 미달이다. 고로 아무에게도 도와줄 수 없다고 하겠는가? 아니다. 나에게 가장 많은 도움을 베푼 사람에게 그 보답이 돌아간다. 설령 그가 내게 단 5의 도움만 주었을지라도 그를 제외한 다른 사람이 1의 도움도 안 줬던 부류들이라면, 그는 여러분의 도움을 흠뻑 받을 영광을 누리게 된다.

이제 다시 원위치로 돌아왔다. 주변의 도움을 받고 싶은가? 그러면 아주 사소한 도움 한 가지라도 바로 실천하라.
이 법칙에 따르면 사람은 항상 자기를 도와준 사람에게 은
혜를 갚을 수 있는 방법을 찾고 있다는 것이다.

누구에게 가장 먼저 친절을 베풀어 볼까? 지금 떠오르는
사람이 있는가? 여러분이 배워야 할 사람. 친절을 베풀었던
사람, 관심을 주었던 사람을 떠올려 본다. 필자도 이런 식
으로 관계도를 그린 적이 있다. 학창시절, 직장에서, 동호
회에서, 관련된 직업에서, 가족관계에서 돌이켜 보면 그 누
군가의 관심과 도움으로 여기까지 오게 된 것이다.

가능한 가장 큰 친절과 신뢰를 가족에게 먼저 베풀라고
이야기하고 싶다. 결혼하지 않았다면 부모와 형제, 자매일
수도 있고, 결혼을 했다면 아내와 자식이 추가될 것이다.
밖에서 성공한 사람이라고 주위에서 추켜세워도 안(가족)
에서 인정받지 못하는 사람은 항상 불안과 허무를 안고 산
다. 반대로 외부 사람 모두가 자신을 비난하고 욕하는 상황
을 맞이하더라도, 가족이 집에서 "저는 그래도 당신을 믿어
요.", "나는 아빠(엄마)를 믿어", "얘야 난 너를 믿는다."라고
한다면 어떨까? 밖에서는 불안한 삶을 이겨내야 할지 몰라
도, 구심점이 튼튼하기 때문에 반드시 일어설 수 있다. 서
로 신뢰하는 가족은 세상 그 어떤 방패보다도 강하다.

여러분이 가족을 중심으로 할 일을 했다면 그 이후에는
가족처럼 중요한 사람들을 위해 시간을 할애하라. 내 주변

에 사는 가까운 이웃이 먼 친척보다 낫다고 하지 않는가? 이웃이 아니라면 직장 동료나 상사도 있다. 여러분이 해 줄 수 있는 작은 친절은 무엇일까? 보살펴줘서 고맙다는 이메일, 편지, 혹은 작은 선물 등 무엇이든 그 사람에게 뜻 깊은 의미가 될 것이다. 주말을 마감하며 나를 도와줬던 사람, 나에게 뜻 깊은 사람을 위해 작지만 소중한 시간을 사용해 보자.

> 세상의 모든 행복은 남을 위한 마음에서 오고,
> 세상의 모든 불행은 이기심에서 온다.
> 하지만 이런 말이 무슨 소용이 있는가.
> 어리석은 사람은 여전히 자기 이익에만 매달리고,
> 지혜로운 사람은 남의 이익에 헌신한다.
> 그대 스스로 그 차이를 보라.
>
> 산티데바의 법문 중

일요일 밤이 깊어간다. 직장인들에게 악몽의 시간이 다가온다고, 월요병이 생긴다고 우울해하지 말자. 그러면 진짜 우울해진다. 삶에서 필요한 것은 기적이 아니고, 감탄이라고 했다. 감탄을 위해 전제 조건으로 하나 더 보태자면, 삶에서 필요한 건 '의미'다. 당신이 지금 이 순간 살아 숨쉬는 의미를 깨닫는다면, 소중하지 않은 순간이 어디 있단 말인가? '일일일야 만사만생 一日一夜 萬死萬生'이라는 말이 있다.

하루 낮, 하루 밤에도 만 번을 살고 만 번을 죽는다는 뜻이
다. 우리가 무심코 보내는 24시간 동안에도 실제로는 어떤
생각을 가지냐에 따라 수없이 생사를 반복하는 것이다. 하
루의 삶속에 여러분이 즐거움을 느끼든, 괴로움을 느끼든
이 순간을 소중히 여기지 못한다면, 시간이란 영원히 우리
에게 숙제만 던져주고 도망 다니는 대머리의 여신일지도
모른다.

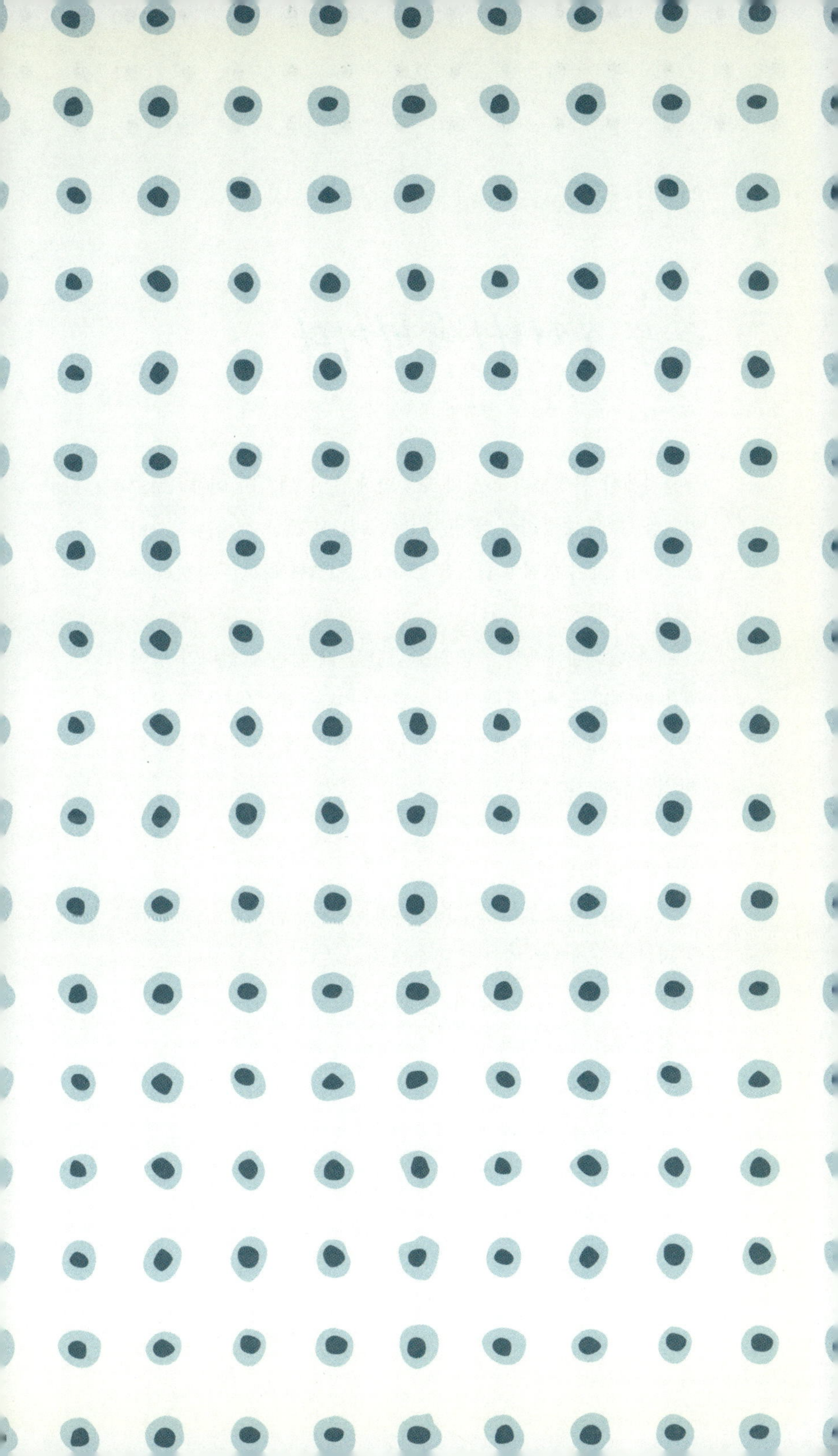

돛을 올려라! 출발이다

술집에서 선원들이 자신의 모험담에 침을 튀기며 이야기하고 있었다. 그때 술자리에 한 발에는 의족을 하고 한 손에는 갈고리를 한 외눈박이 해적이 합석을 했다. 술에 취한 해적은 자신의 무용담을 늘어놓기 시작했다.

"내가 망망대해에서 폭풍우를 만났을 때 갑판에 있다가 상어 떼가 있는 파도에 휩쓸렸거든. 동료들이 나를 끌어올리는데 상어 한 마리가 내 다리를 물어서 끊어놓았지. 내 결국 그 녀석을 회쳐 먹었지만…!"

"와!"

선원들이 감탄했다.

"그러면 손에 그 갈고리는 어쩌다가?"

"적선을 습격했을 때 적들 가운데 하나가 내 손목을 잘랐지. 결국 내가 그 녀석의 심장을 꺼내버렸지만…"

"정말 믿을 수가 없군."

선원이 말했다.

"그런데 한쪽 눈은 왜 잃게 된 거지?"

"아, 이거? 하늘을 올려다보고 있는데 갈매기가 내 눈에 똥을 갈겨버리지 뭐야!"

"뭐라고? 갈매기 똥 때문에 눈을 잃었다고?"

"그렇다니까"

해적이 대답했다.

"그 날이 내 손에 갈고리 단 첫날이었거든."

습관은 무섭다. 좋은 습관이든, 나쁜 습관이든 말이다. 익숙함은 우리를 아무 생각 없는 하루로 몰아가기도 하고 위험에 빠뜨리기도 한다.

책을 마무리하며 두 가지만 강조하고 싶다.

첫째, 이제부터 여러분의 몫이다. 해 보고 별 도움이 안된다고 생각하는 것들은 과감히 버려라. 그리고 다시 뒤돌아볼 필요 없다. 그것은 아직 여러분과 맞지 않는 것일 테니. 하지만, 필요하다고 생각하는 것은 꼭 반복해 습관화해 보길 바란다.

잭 웰치는 '내가 직면해 있는 문제에 교과서적인 해답은 없다. 고로 우리는 매일 자신들의 교과서를 써나가야만 한다.'고 했다. 이제 여러분이 스스로의 교과서를 만들 차례이다. 직장인 관련된 신조어 중에 '갤러리맨'이라는 용어가 있다. 갤러그를 좋아하던 세대를 이야기 하는 것이 아니고, 골프 칠 때 구경하는 갤러리와 샐러리맨의 합성어로, 일에 몰두하지 않고 주인의식도 희박한 직장인을 골프 경기 관객인 갤러리에 비유한 표현이다.

갤러리맨으로 살겠는가? 중앙으로 걸어가 티샷을 하겠는가? 주인의식이 희박하면 평생 주인하기 어렵다. 자기 삶의 주인공은 자신이지 않은가.

'나에게 모든 책임이 있다.'는 것을 깨닫지 못하면 핑계를 위해 주변 환경을 계속 끌어들일 수밖에 없다. 그리고 그 주변 환경은 자신의 삶이 끝날 때까지 결코 더 나아지지 않는다.

둘째. "즐겁게 하시길"

오스카 와일드가 '삶은 너무나 중요해서, 진지하게 이야기 할 수 없다.'고 했다. 그것이 이 책의 큰 뼈대다. 너무나 중요한 삶이기에 인상 쓰면서 접근하면 부담만 가중되기 쉽다. 동시대를 살아가는 우리는 인상 쓰며 살고 싶지 않다. 재미있고, 스릴 있게, 그리고 언제나 열정적으로 살고 싶다. 이런 필자의 바람이 구절구절을 채웠다. 자신의 삶에 대해서 생각해 볼 수 있는 시간을 가져, 조금이라도 (더 구체적으로 말한다면 1%) 나아졌다고 후일 느끼게 된다면, 엉덩이로 쓴 보람이 있다고 이야기하고 싶다. 이 책을 읽는 시간도 결국 여러분의 인생이니까 말이다.

프랑스 작가인 로맹 롤랑이 내가 너무도 좋아하는 '영웅론'을 이야기 했다.

영웅이란 자신이 할 수 있는 일을 해낸 사람이다.
범인은 할 수 있는 일을 하지 않고 할 수 없는 일만을
바라는 사람이다.

여러분 개개인이 모두 영웅이다. 필자는 그것을 너무나 확신하는 사람이다. 건승을 빈다.

진심으로!

초간단 플래너 사용법

플래너 사용법 중 연 목표 작성법

(http://yangcoach.com/90039869557 칼럼)

새로운 목표는 늘 머릿속을 메운다.

금연, 금주, 돈 모으기, 성적 올리기, 다이어트, 운동, 공부하기 등. 작심삼일이라고 포기하는 사람들에게 우스갯소리로 그럼 삼일마다 마음먹으라는데 그것이 어디 말처럼 쉬운 일인가? 3일마다 시간이 남아도는 것도 아니고 흐트러지는 마음을 시간을 따로 내서 매번 다시 마음먹는다는 것도 대단한 정신노동을 요구한다.

여러분의 계획이 구체적으로 실천되려면 그만큼의 장기 전략이 체계적으로 받쳐주고 그 전략이 다이어리(플래너)에 활성화되어야 한다. 그래야 목표를 잃지 않고 한 해 한 해 방향을 잡고 나아갈 수 있다.

이제부터 여러분의 한 해 소망리스트를 작성해 보고, 구체적으로 실천 계획을 세워 1년치 일을 해보도록 하자.

아래는 필자의 사례다. 여러분들은 따라하면서 조금씩 변형해 자신만의 플래너를 만들면 된다.

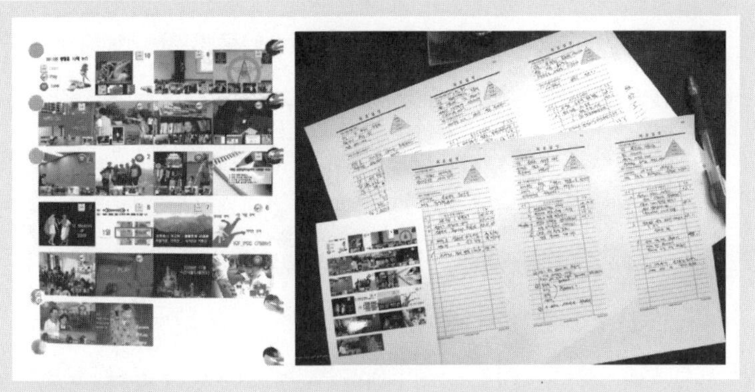

그림 1   그림 2

먼저 필자는 2008년도의 10대 뉴스를 정리하고 2009년도 10대 희망 뉴스를 만들어 보았다.(그림 1)

(10대 뉴스 관련 내용은 http://yangcoach.com/90039262979 를 참조)

일단 비전이 있어야 한다. 비전은 생생하고, 구체적이고, 그릴 수 있어야 한다. 필자는 일일이 사진을 찾아 PPT를 만들고 스크립트를 짜고 대중 발표를 두 번 가졌다. 그리고 파일을 다시 그림 파일로 변환해서(JPEG 파일) 엽서크기의 인화지에 위의 그림처럼 프린팅해 놓았다.

자, 이제 2009년도 희망리스트를 옆에 두고 목표 설정 리스트를 뽑아 놓는다. 목표 설정 종이는 가치(사명)과 월별 목

표의 중간단계라고 보면 된다.(그림 2)

꿈이 이루어지는 것은 다음의 단계를 거친다.

1. 나의 삶의 목적을 찾고 (미션), 지배가치를 정하고

2. 그에 따른 삶을 살았을 때의 나의 꿈을 그리고 (비전)

3. 그 비전을 이루기 위한 중간단계 목표를 정하고

   (5년, 10년 등의 중장기 목표)

4. 그 중간목표를 이루기 위해 할 올해의 목표를 정하고

   (연 목표 : 올해로 치면 2009년)

5. 그 올해의 목표를 이루기 위해 월 목표를 정하고

6. 그 월 목표를 이루기 위해 주간(위클리) 목표를 점검하고

7. 점검된 주간(위클리) 목표를 바탕으로 하여 일일 목표를
   세우고 실천하고 점검한다.

그러면 10가지 희망 리스트를 현실화하기 위해 목표 설정
을 어떻게 했는지 보자. 연 목표 작성법을 위해서는 위의
꿈이 이뤄지는 단계 중

1. 사명, 역할

2. 중장기 목표 및 올해의 목표

3. 월 목표

이렇게 3개를 사용해서 만든다.

아래 그림은 필자가 직접 써본 목표 설정인데, 보기 쉽게 다시 옮겨보았다.

1. 가치/사명/역할

나는 '뿌린 대로 거둔다.'를 믿는 사람이다.

재정적 자유를 위하여 '절제'라는 능력을 키운다.

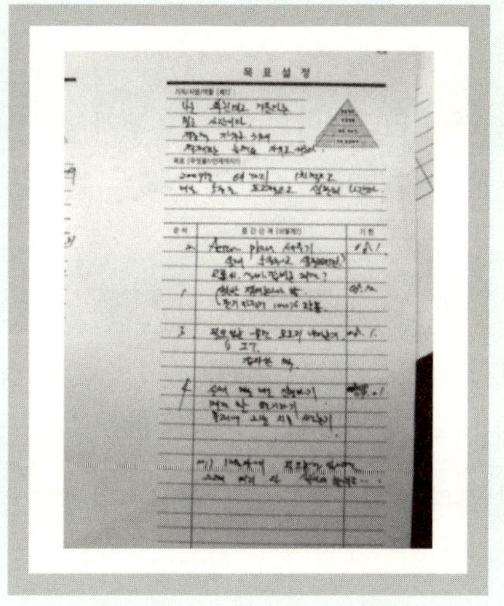

2. 중장기 목표 및 올해 목표(무엇을?/언제까지?)

2009년 6월까지 1차적으로 매일 5천 원 프로젝트로 생활해 나간다.

3. 월 목표

1. Action Plan 세우기

실제 5천원으로 생활하려면? / 기한 : 09.1월

2. 필요한 물품 준비

햇반 (회사에) 쟁여 놓아야 함 / 전기 자전거 100% 활용

/ 기한 08.12월

3. 필요 없는 물품 벼룩시장 등 오픈 마켓에 내놓기

/ 기한 : 09.1월 안 쓰는 IT 제품, 잡다한 책

4. 실제 매일매일 진행하기

/ 기한 09. 1월 ~ 6월 (이후 매월 말 평가하기 & 플래너에
그날 지출 써 놓기)

이제 목표 설정 칸을 다 작성했다면

그것을 바탕으로 각 플래너에 있는 월별 탭의 월간(장기)목
표 단계에 다시 옮겨 적는다.(이것을 나는 활성화라고 부른다.)
매월 시작할 때 새로운 목표도 좋지만 그전에 장기목표를
점검하여 내가 인생에서 진정 원하는 것에 눈을 떼지 않게
하기 위해서다.

위 그림에서 펜이 가리키고 있는 곳이 바로 장기 목표를 활
성화해 놓은 곳이다.

매년 초에 작업을 미리 12달의 탭에 해 놓기 때문에 매월
초에 새로운 계획(줄 쳐진 위에 있는 유동적 목표)을 세울 때마다
점검할 수 있다.

매년 초 작심삼일로 끝났던 계획이라면 하루 반나절 정도
차분하게 날을 잡아 올해의 구체적인 실행계획을 월별로
넣어 본다.

여러분의 멋진 꿈이 이뤄지는 삶을 기원 드리며…

부록

매일매일 성공 보험
보도 셰퍼식 '성공일지'

이 성공일지는 보도 새퍼의 책에서 가져온 콘셉트다. 그날 그날 정리를 하며 유의미한 것을 뽑아보는 것인데 원본은 다음과 같다.

> 1. 무슨 일을 끝냈는가?
>
> 2. 어떤 약속을 지켰는가?
>
> 3. 누구를 도와주었는가?
>
> 4. 누구에게 칭찬을 들었는가?

아래는 필자가 보도 새퍼의 콘셉트를 응용한 예다. 플래너와 연동하면 훨씬 효과적이다.

1. 건강한 하루로 마감하는가?

(건강이란 4가지로 신체의 건강, 정신의 건강, 사회적 건강, 영적 건강으로 각자 구분하여 작성한다.)

2. 오늘 하루 무엇을 배웠는가?

(원본의 약속을 지켰는가라는 2번 항복은 1번 항목과 겹치는 것 같아 필자는 배운다는 관점으로 대체했다. 3개 정도가 적당한 듯하다.)

3. 누구를 도와주었는가? 혹은 칭찬받았는가?

(이 항목은 그대로 유지하고 원본의 4번 항목을 합쳐 한 항목으로 만듦)

다음은 실제 작성한 샘플이다.

성 공 일 지

Date : 200X 년 / 6 월 / 24일 /

1. 건강한 하루로 마감하는가?

1) 신체적 건강 각종 운동, 식습관, 절제, 금주, 금연 등 오늘 지킨 것

2) 정신적 건강 독서, 다양한 배움 등의 지적활동

3) 사회적 건강 다양한 대인관계를 건강하게 유지하는 것
(부모님 전화 드리기, 친구 안부편지 등)

4) 영적 건강 묵상, 사명서, 명상, 참선 등의 영적인 활동

2. 오늘 하루 무엇을 배웠는가?

1) 하루 일과에서, 인간관계에서, 수 많은 사건 속에서
배운 것들을 3개 정도를 추려서 작성해 보기

2)

3)

3. 누구를 도와주었는가? 혹은 칭찬받았는가?

다른 사람과의 관계를 나아지게 하도록 매일 생각해 보기,
도와주기, 칭찬하기, 칭찬한 것이 없으면 다른 사람을
칭찬하는 기회를 찾아보기, 칭찬을 받았으면 감사히 여기고
좋은 감정을 유지할 수 있게 기록해 놓기

성 공 일 지

Date :　　　　년/　　월/　　일/

1) 신체적 건강

2) 정신적 건강

3) 사회적 건강

4) 영적 건강

1)

2)

3)

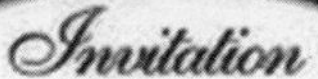

GREAT 시간관리 Coaching Program
20% 할인권

■ 일정 : 안내문 또는 홈페이지(http://yangcoach.com)참조
■ 참가대상 : 체계적인 자기계발에 관심이 있으신 분
■ 유효기간 : 2009년 12월 31일 까지
■ 담당자: 양정욱 코치 : (010-6667-5136)/
　　　　　E-mail : ric@hanmaiil.net

9to6 혁명

초판 1쇄 발행 2009년 8월 20일

지은이 | 양정훈
펴낸이 | 임채성, 변선욱
펴낸곳 | 왕의서재
디자인 | 이상진

등록 | 2008년 7월 25일 제313-2008-120호
주소 | 서울특별시 마포구 합정동 205-7 서림빌딩 7층
전화 | 02-3142-8004
팩스 | 02-3142-8011
이메일 | kinglibrary@naver.com
카페 | http://cafe.naver.com/kinglibrary

값 12,000원

ISBN | 978-89-93949-14-8   (13320)

* 잘못된 책은 바꿔드립니다.

누구나 한번쯤 훔쳐보고 싶은 최고의 지식 도서관!